Stammt der Mensch von Adam ab?
Die Aussagen der Bibel und die Daten der Naturwissenschaft

Inhalt

1. Wie arbeitet der Wissenschaftler? 5
2. Die Deutung der ersten Neandertaler-Funde 7
   Ein aufschlußreiches Beispiel zum Thema "Daten und Deutungen" 7
3. Die Suche nach dem Affenmenschen 9
   Vorfahren des Menschen nach der Abstammungslehre 10
   Vorstellung der Schöpfungslehre 11
4. *Ramapithecus* – der Abstieg eines Bindeglieds 12
   Wenn Interpretationen zu Fakten werden 13
5. *Australopithecus* – Bindeglied zwischen Tier u. Mensch . . 14
   Australopithecus ramidus – ein neuer Fund 18
6. *Homo habilis* – ein ungelöstes Puzzle 19
7. Der Mensch – *Homo erectus* 20
   Deutung des Gehirnvolumens 21
   Werkzeuggebrauch als Argument? 23
8. Die heutigen Rassen des Menschen 24
   Der Neandertaler – eine besondere Menschenrasse 26
   Moderne Jäger und Sammler: Überlebende einer Steinzeit? 27
9. Die Deutung von Ähnlichkeit 29
10. Der Mensch – eine Fehlplanung? 31
    Menschen mit Kiemen? 32
11. Die Auskunft der Bibel zur Herkunft des Menschen 33
12. Zum Alter der Fossilienfunde 35
13. Zusammenfassende Deutung aus biblischer Sicht 37
    Quellenhinweise 40
    Weiterführende Literatur 41

Fast jedem Menschen ist die Abstammungs- oder Evolutionslehre ein Begriff. Zumindest hat jeder schon öfter gehört, daß "der Mensch vom Affen abstamme" oder daß "Mensch und Affe gemeinsame tierische Vorfahren hätten". Nicht jeder denkt darüber nach, was dies für ihn bedeutet, aber fast jeder "weiß", daß es so sei. Wir lernen es so nicht nur im Schulunterricht, sondern erfahren es auch aus Zeitungen, Zeitschriften oder im Fernsehen.

Die Abstammungslehre steht im Widerspruch zu einem historischen Verständnis der biblischen Urgeschichte. Ein erstes Menschenpaar, wie es der biblische Schöpfungsbericht bezeugt, kann es bei einem evolutiven Aufstieg des Menschen aus dem Tierreich nicht gegeben haben. Wenn der Mensch aus dem Tierreich hervorgegangen ist, ab wann war er dann "Ebenbild Gottes"? Da der Naturwissenschaft großes Vertrauen entgegengebracht wird – in der Meinung, sie sei objektiv –, glauben viele Menschen dem biblischen Schöpfungsbericht nicht oder sehen ihn nur als symbolische Wiedergabe einer zeitlosen Wahrheit an. So wird oft, z. B. im Religionsunterricht, die Auffassung gelehrt, die Bibel wolle nur sagen, *daß* Gott geschaffen habe, über das *Wie* gebe die Wissenschaft Auskunft. Auf diese Weise soll die evolutive Herkunft des Menschen mit dem biblischen Zeugnis von der Erschaffung der ersten Menschen vereinbar sein. Daß dabei eine Reihe wesentlicher Aussagen der Bibel umgedeutet werden muß, wird scheinbar nicht bemerkt oder bewußt in Kauf genommen.

> "Und Gott schuf den Menschen nach seinem Bilde."
> 1. Mose 1,27

Es ist keineswegs gleichgültig, wie wir über die Herkunft des Menschen denken. Wenn wir aus der Hand eines Schöpfers stammen, sind wir ihm auch verantwortlich und können davon ausgehen, daß Gott mit unserem Leben auch ein Ziel verfolgt. Sind wir dagegen durch einen Zufallsprozeß entstanden, muß sich der Mensch seine Maßstäbe selber setzen, die dann immer nur relativ sein können, und letztlich ziellos leben.

> *Wenn der Mensch aus dem Tierreich hervorgegangen ist, ab wann war er dann "Ebenbild Gottes"?*

WOHIN?

WOZU?

WOHER?

Statt nun in beliebige Spekulationen zu verfallen, wollen wir zunächst einmal die *Funde* kennenlernen, welche die Wissenschaft, die sich mit den Fragen der Abstammung beschäftigt, ausgegraben hat. Dieser Wissenschaftszweig heißt *Paläanthropologie* ("Urmenschenforschung").

Es soll gezeigt werden, wie aufgrund des Fundmaterials versteinerter Menschen früherer Zeiten Abstammungsbäume hergeleitet werden (von affenartigen Vorfahren zum Menschen). Dabei wird sich zeigen, daß man diese Funde auch anders als durch gemeinsame Abstammung deuten kann – nämlich durch Schöpfung.

Da die Bibel einiges über die Entstehung des Menschen berichtet, ist es erforderlich, den Bibeltext der Genesis und andere Texte des Alten und Neuen Testaments, die sich auf die Urgeschichte beziehen, auszulegen. Wir werden uns noch mit den entsprechenden biblischen Texten befassen. Schon an dieser Stelle soll betont werden, daß in der Auslegung der Bibel die Naturwissenschaft nicht bestimmend sein darf; die Texte sprechen für sich selber.

Im folgenden soll es nun um die beiden nachstehenden Fragen gehen:

● *Wie gut ist die Abstammungstheorie des Menschen gemäß der Evolutionslehre belegt?*

● *Wie kann man eine schöpfungstheoretische Alternative, die sich auf die biblische Überlieferung bezieht, begründen?*

Dazu sollen zunächst jedoch einige allgemeine Bemerkungen über die Möglichkeiten und Grenzen der naturwissenschaftlichen Forschung vorangestellt werden.

PALÄANTHROPOLOGIE

logos (gr.) = Lehre

anthropos (gr.) = Mensch

palaeo (gr.) = alt

1. Wie arbeitet der Wissenschaftler?

Im allgemeinen wird an die Bezeichnung "wissenschaftlich" die Vorstellung von "Objektivität" und "Sicherheit" geknüpft. Wissenschaft sammelt Tatsachen (Daten), bei denen im Gegensatz zum Glauben Subjektives ausgeschlossen sein soll. Nur insoweit Wissenschaft es mit Dingen zu tun hat, die *immer wieder* beobachtbar sind und von verschiedenen Beobachtern gleich gesehen werden, kann man von "Objektivität" sprechen. Werden jedoch Beobachtungen zu umfassenden erklärenden *Hypothesen* oder *Theorien* zusammengefügt, gehen notwendigerweise unüberprüfbare Annahmen oder Glaubenssätze als subjektive Elemente ein. Dies ist in besonderer Weise dann der Fall, wenn Theorien über die Vergangenheit aufgestellt werden. Was in der *Vergangenheit* geschehen ist (und bei unserem Thema geht es ja genau darum), kann man nicht immer wieder beobachten. Man kann es nicht ein einziges Mal direkt beobachten, sondern muß aufgrund heute vorliegender Indizien (Daten, z. B. Versteinerungen, archäologische Funde, Schriftstücke usw.) Rückschlüsse auf die verflossenen Ereignisse ziehen. Das ist aber nie mit absoluter Sicherheit möglich.

DATEN

Daten = Ergebnisse aus Beobachtungen und Experimenten, lat. datum, das Gegebene
(= empirische, durch Erfahrung gewonnene Befunde)

Abb. 1: Der erste Fund eines vorzeitlichen Menschen im Jahre 1856 im Neandertal (D): Schädeldach mit über den Augenhöhlen kräftig vorspringendem Knochenwulst in einer von Johann Carl Fuhlrott 1859 veröffentlichten Zeichnung; Hüftbein und Oberschenkelbeine nach einer 1888 veröffentlichten Tafel über Neandertaler.

"Fossilien tragen keine Etiketten."
P. Schmid, Anthropologe

DEUTUNGEN

Daten werden erst durch Deutungen interessant. Deutungen enthalten aber mehr als Daten allein. Deutungen können sich als falsch erweisen

Beispiele von Deutungen erster Funde aus Neandertal:

Prof. H. Schaafhausen, Anatom (1857):
Fossilien einer wilden Rasse nordeuropäischer Ureinwohner, deren "Miene und blitzende Augen" die römische Armee in Angst und Schrecken versetzt hätten.

Prof. F.J.C. Mayer, Anatom (1857):
Knochen eines krummbeinigen und verkrüppelten mongolischen Kavaliers der Kosakenarmee unter Gen. Tschernitcheff, der 1814 in der Nähe des Neandertals gelagert hatte.

Vielmehr braucht jeder Wissenschaftler eine "Brille" (Ideologie, Religion, Glaube), durch die er die Daten sehen und entsprechend deuten kann (s. Abb. 2). Die Daten selber sagen ihm nicht, wie die tatsächlichen Abstammungsverhältnisse liegen. Es ist gerade umgekehrt: Der Wissenschaftler versucht gemäß seiner *Vorstellung* über die Abstammung des Menschen die Daten, also Versteinerungen und Beobachtungen an heute lebenden Menschen und Affen, zu deuten und sie in sein Konzept einzubauen. Daran ist an sich nichts auszusetzen – nur muß einem bewußt sein, daß alle so gewonnenen Aussagen nicht mit absoluter Sicherheit vorgetragen werden können. Wer *glaubt*, daß es eine Höherentwicklung des Menschen gegeben hat, sieht die Fossilien mit anderen Augen als derjenige, welcher an Schöpfung glaubt.

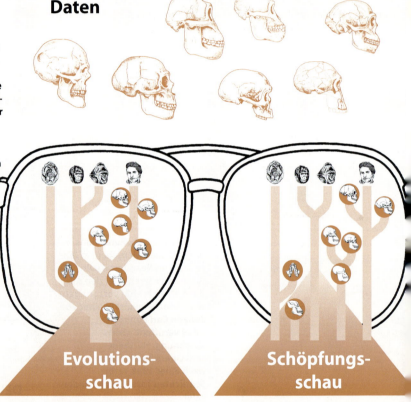

Abb. 2:
Jeder Wissenschaftler braucht eine Brille (eine bestimmte Sichtweise), durch die er die Daten sieht und deutet. Solche Daten sind z. B. Schädelfunde (s. S. 7ff.) oder der Bau der heutigen Lebewesen (s. S. 23ff). Natürlich kann man versuchen, in Gedanken die Brille des konkurrierenden Modells aufzusetzen, und prüfen, ob die andere Sichtweise mit den Daten harmoniert, und sie ggf. kritisieren. Dieser "Brillenwechsel" ist für eine echte Auseinandersetzung sogar notwendig.

Die Wissenschaft ist aufgrund ihrer begrenzten Erkenntnismöglichkeiten niemals in der Lage, Endgültiges zur Herkunft des Menschen zu sagen.

Die *Wissenschaft* ist also aufgrund ihrer begrenzten Erkenntnismöglichkeiten (nur "Objektives" im obigen Sinne erkennbar) gar nicht in der Lage, Sicheres zur Herkunft des Menschen zu sagen, gleichgültig ob es sich um Evolutions- oder um Schöpfungswissenschaft handelt. An einzelnen Beispielen wird sich das im folgenden zeigen.

2. Die Deutung der ersten Neandertaler-Funde

Ein aufschlußreiches Beispiel zum Thema "Daten und Deutungen"

Die Neandertaler sind wohl die populärste Gruppe unter den Fossilien, die von Evolutionstheoretikern in eine Abstammungsreihe vom Tier zum Menschen gestellt werden. Die Rekonstruktionen dieser Menschen als geistig tiefstehende, bucklig gehende "Primitivlinge" sind vielen vertraut (Abb. 3). Der Neandertaler steht geradezu sprichwörtlich für die "Affenabstammung" des Menschen. "Neandertaler" wird auch als Schimpfwort verstanden. Doch die genannten Vorstellungen sind *Deutungen*, die sich teilweise weit von der Datenbasis entfernt haben. Von der Fachwelt werden diese Deutungen spätestens seit den sechziger Jahren nicht mehr vertreten.

Abb. 3: Darstellung eines muskulösen und affenähnlichen Neandertalers nach Zdenek Burian.

Was sind hier nun die Daten, und wie kam es zu diesen sehr unterschiedlichen *Deutungen*?

Mit den ersten Neandertaler-Funden aus dem 19. Jahrhundert konnte man lange Zeit nicht viel anfangen. Manche Forscher hatten z. T. abenteuerliche Deutungen aufgestellt (siehe Abb. 1). Eine ansehnliche Datenbasis wurde gewonnen, als im ersten Jahrzehnt unseres Jahrhunderts in Frankreich eine ganze Reihe (fast) vollständiger Neandertalerreste ausgegraben wurden. Der französische Paläontologe M. BOULE beschäftigte sich mit der Rekonstruktion. Er ordnete die Knochen so an, daß der Neandertaler einem Affen deutlich ähnelte. Die große Zehe ließ er den anderen wie ein Daumen gegenüberstehen, womit der Neandertaler wie Affen auf der Außenkante seiner Füße gegangen wäre. Weiter meinte BOULE, das Kniegelenk hätte nicht voll gestreckt werden können, daher sei nur ein gebeugter Gang möglich gewesen. Aus Beobachtungen an der Wirbelsäule schloß er, daß sie nicht gestreckt werden konnte. Den Kopf plazierte er weit nach vorne geschoben. Aufgrund der langen, flachen Schädelform vermutete er schwerwiegende geistige Mängel. Der großen Schädelkapazität maß er dagegen keine Bedeutung bei. Insgesamt entstand so das Erscheinungsbild eines muskulösen und ungeschlachten Körpers, über das sich BOULE zudem abschätzig äußerte.

BOULEs Rekonstruktion wurde bis in die fünfziger Jahre weitgehend akzeptiert und prägte das Bild vom buckligen Affenmenschen. Zu jener Zeit sind auch manche beeindruckenden, aber ebenso irreführenden Bilder vom Neandertaler veröffentlicht worden. Solche Illustrationen werden – trotz heute besseren Wissens der Fachleute - leider immer noch eingesetzt und zementieren so ein falsches Bild vom Neandertaler.

Ende der fünfziger Jahre wurden die Neandertaler-Skelette erneut gründlich untersucht. Es stellte sich heraus, daß BOULE einige schwerwiegende Fehldeutungen vorgenommen hatte. Die Daten waren dieselben geblieben, die Deutung wandelte sich aber gründlich. *Wie konnte es zu einem solch grundlegenden Umschwung in der Rekonstruktion des Neandertalers kommen?*

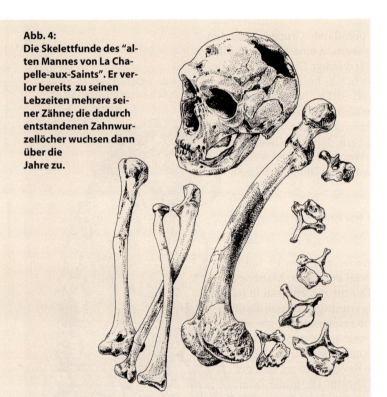

Abb. 4:
Die Skelettfunde des "alten Mannes von La Chapelle-aux-Saints". Er verlor bereits zu seinen Lebzeiten mehrere seiner Zähne; die dadurch entstandenen Zahnwurzellöcher wuchsen dann über die Jahre zu.

Unter den Funden galt der von *La Chapelle-aux-Saints* (F) als besonders typisch (Abb. 4). Doch es stellte sich heraus, daß gerade dieser Neandertaler unter einer schweren Arthritis zu leiden hatte, die zu einer Verformung der Wirbel und des Kiefers führte. BOULE hätte das mit seinen Kenntnissen merken können. Manche Merkmale waren also krankheitsbedingt. Einige Skelettteile wie die große Zehe oder das Kniegelenk hatte BOULE darüber hinaus schlicht falsch zusammengesetzt. Schließlich hatte er teilweise Ähnlichkeiten mit Affen bemerkt, wo eigentlich nicht viel festzustellen war.

Doch diese Umstände allein können kaum die Neuinterpretation der Neandertaler-Funde erklären. Offenbar spielten bei BOULE, aber auch allgemein in der damaligen Zeit, bestimmte Vorstellungen über ein tiermenschliches Stadium einer Abstammung des Menschen eine bedeutende Rolle. Daten wurden dieser Sicht entsprechend gewertet (man bedenke, daß BOULE die ungewöhnlich große Schädelkapazität nicht berücksichtigte).

Die Neubearbeiter STRAUS und CAVE kamen zum Schluß:

Abb. 5: Illustration des Neandertalers (nach Haviland 1983)

"Wenn es möglich wäre, daß der Neandertaler wieder auferstünde und in einer New Yorker Untergrundbahn führe, würde er – vorausgesetzt, man hätte ihn gebadet, rasiert und in moderne Kleidung gesteckt – vermutlich kaum mehr Aufsehen erregen als manch anderer Mitbürger."

Natürlich bleiben die Neandertaler eine von den heutigen Menschenrassen unterscheidbare Menschengruppe. Wie man sie im Rahmen des Schöpfungsmodells einordnen kann, wird im Zusammenhang mit anderen Menschenfossilien noch erläutert.

3. Die Suche nach dem "Affenmenschen"

Die Vorstellung, der Mensch entstamme dem Tierreich, verbreitete sich im vorigen Jahrhundert, nachdem der englische Naturforscher Charles DARWIN die Theorie aufgestellt hatte, daß alle Lebewesen von einem gemeinsamen Urahnen abstammen. DARWIN war mit Aussagen über den Menschen zunächst aus taktischen Gründen sehr vorsichtig, aber viele seiner Zeitgenossen übertrugen den Entwicklungsgedanken schnell auf den Menschen. Da die Menschenaffen am meisten dem Menschen ähneln, liegt es nahe, an eine Abstammung des Menschen von affenartigen Vorfahren zu denken. Und so begann die Suche nach Überresten ausgestorbener "Affenmenschen", nach Wesen, die sozusagen halb Mensch und halb Tier gewesen sein könnten.

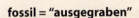

fossil = "ausgegraben"

Fossilien = "Dinge, die man ausgräbt", gemeint sind Reste früherer Lebewesen oder deren Lebensspuren, z. B. Versteinerungen, Ausgüsse, Abdrücke

In den letzten gut hundert Jahren wurde eine Reihe von Funden gemacht (versteinerte Skeletteile, Fossilien), die von Evolutionstheoretikern als menschliche Vorfahren, als "Affenmenschen" oder "Urmenschen" angesehen wurden oder noch werden.

Diese Funde werden von evolutionstheoretisch orientierten Wissenschaftlern zur Zeit etwa in der Weise in einen Stammbaum gestellt, wie dies in Abb. 6 in vereinfachter Form wiedergegeben ist. Wir bemerken schon an dieser Stelle zweierlei:

• Die Evolutionstheoretiker sind untereinander nicht einer Meinung, *wie* die einzelnen Funde in einem Stammbaum angeordnet werden sollen.

• Bei der Aufstellung von Stammbäumen spielen subjektive Erwartungen und Vorstellungen eine bedeutende Rolle.

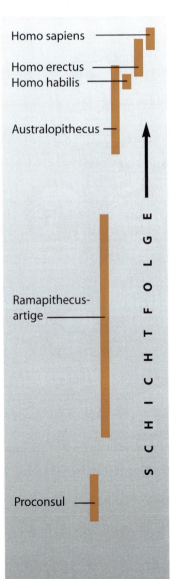

Abb. 6: Vorfahren des Menschen aus evolutionstheoretischer Sicht. Gesicherte Daten sind nur die *relativen Abfolgen der Schichten*. Zur absoluten Datierung siehe Kap. 12 (S.35-36).
***Homo erectus**, **Homo habilis** und **Australopithecus** haben zeitweise gleichzeitig gelebt (sie werden z.T. in denselben Schichten gefunden).*

Vorfahren des Menschen nach der Abstammungslehre

Als Vorfahren des Menschen werden gewöhnlich insektenfressende Spitzhörnchen angeführt, die vielleicht dem heutigen Tupaia ähnelten. Aus diesen sollen die Primaten (= Herrentiere) hervorgegangen sein. Zu den Primaten gehören Halbaffen (z. B. Lemuren) und Affen, die von den Halbaffen abstammen sollen. Trotz einer Reihe von Funden von Primatenfossilien sind Übergänge zwischen diesen Gruppen kaum oder gar nicht durch Fossilfunde dokumentiert. Wir gehen daher auf diesen Teil des "Stammbaums" des Menschen nicht ein, halten aber fest, daß die frühe Abstammung des Menschen in evolutionstheoretischer Sicht nicht durch Funde belegt, sondern bloße Vermutung ist.

Der erste Kandidat für die unmittelbare Vorfahrenschaft des Menschen ist unter den sogenannten höheren Primaten der fossile *Proconsul*. Auf diesen soll *Ramapithecus* folgen. Nach einer Fundlücke von 5 Millionen Jahren nach der klassischen Chronologie setzen die Evolutionstheoretiker die Gruppe der *Australopithecinen* ("Südaffen") an die Wurzel der Entstehung des Menschen. Diese werden in die Gruppe der Menschenartigen (*Hominidae*) gestellt. Als Bindeglied zwischen *Australopithecus* und den echten Menschen wird von einigen Forschern *Homo habilis* angesehen, auf den dann Homo erectus ("aufgerichteter Mensch") folgt. Über den Steinheimer Menschen, eine sog. "Mischform" (vgl. dazu S. 23 und Abb. 27), und den Menschen von Cro Magnon (Abb. 29) soll die Entwicklungslinie zum heute lebenden Menschen führen. Der Neandertaler wird allgemein als ausgestorbene Unterart des heutigen Menschen betrachtet.

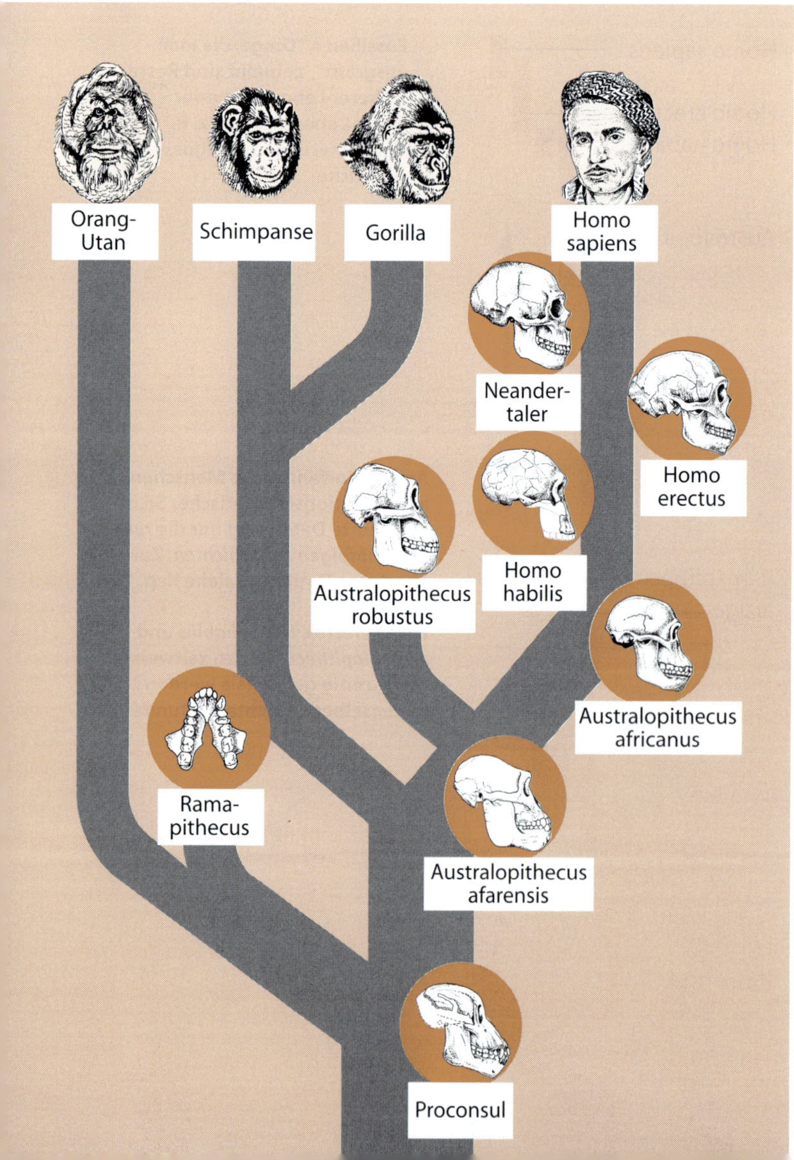

Abb. 7: Menschen, Menschenaffen und ausgestorbene Formen in einem evolutionstheoretischen Stammbaum angeordnet. Der Neandertaler wird auf einen Seitenweg gestellt

Vorstellung der Schöpfungslehre

In der Schöpfungslehre werden die Deutungen ganz anders vorgenommen – motiviert durch die biblische Überlieferung und den Schöpfungsbericht. Die Daten werden in ein "Grundtypschema" gestellt (vgl. Abb. 8). Die Funde, die Evolutionstheoretiker stammbaumartig anordnen, werden hier verschiedenen geschaffenen Einheiten ("Grundtypen") zugeordnet. (Was die biblischen Gründe für diese Vorgehensweise angeht, wird auf Kapitel 11 verwiesen.)

Innerhalb der Grundtypen gibt es Variabilität: Kein Organismus derselben Art gleicht genau einem anderen. Innerhalb der schöpfungsgemäß vorgegebenen Variationsmöglichkeiten kann es zu Spezialisierungen und zu Rassenbildungen kommen. Auch neue *biologische Arten* (sog. *Biospezies*) können entstehen. Diese sind jedoch von den geschaffenen Arten (Grundtypen), von denen der biblische Schöpfungsbericht spricht, zu unterscheiden.

Biologische Arten können nach dem Schöpfungsmodell nur *innerhalb* der Grenzen der *geschaffenen* Arten entstehen. Mehr Veränderlichkeit als innerhalb von Grundtypen wurde bisher auch nicht experimentell oder durch sonstige *Daten* nachgewiesen.

Da unterschiedliche Spezialisierungen möglich sind, können innerhalb der Grundtypen Aufspaltungen eintreten.

> "Und Gott machte die Tiere des Feldes, ein jedes nach seiner Art, und das Vieh nach seiner Art und alles Gewürm des Erdbodens nach seiner Art. Und Gott sah, daß es gut war."
> 1. Mose 1,25

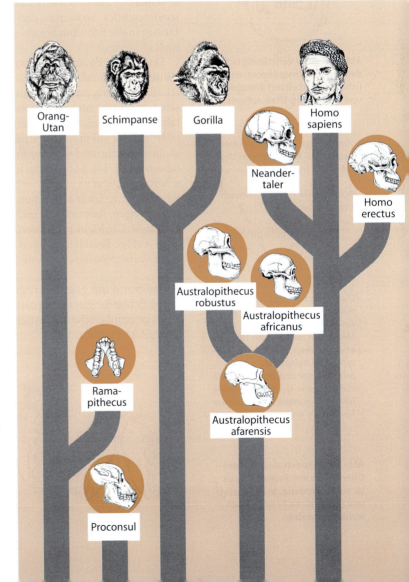

Abb. 8: Die Deutung der Schöpfungslehre: Der Mensch wurde mit der Möglichkeit zu Variation und Rassenbildung geschaffen, ebenso getrennt von ihm verschiedene Grundtypen von Affen. *Homo erectus* und Neandertaler werden hier nicht als "tiefere" Evolutionsstufen angesehen, sondern als spezielle Menschenrassen, letztlich Nachkommen der Noahfamilie. Ob Schimpanse und Gorilla zum selben Grundtyp zu rechnen sind, ist noch unsicher. *Ramapithecus* wird zum selben Grundtyp wie der Orang-Utan gerechnet, die *Australopithecus*-Arten werden als Angehörige eines anderen, eigenständigen Grundtyps angesehen.

4. Ramapithecus – der Abstieg eines Bindeglieds

Rama - pithecus

mythischer Hinduprinz

lat. "Affe"

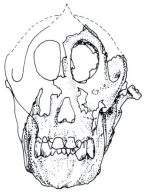

Abb. 9: Relativ vollständiger Schädelfund von *Sivapithecus*, der deutliche Ähnlichkeit mit *Ramapithecus* und dem Orang-Utan aufweist.

Nur wenige Forscher glauben heute, daß *Ramapithecus* Vorfahre des Menschen sei.

Schimpanse   Mensch
Urang-Utan
Gorilla
        Ramapithecus

Die heute von Fachleuten kaum noch vertretene Stellung von *Ramapithecus* als Vorfahr zum Menschen nach einem 1990 erschienenen Schulbuch. – Ein typisches Beispiel dafür, wie Schulbücher und populäre Darstellungen u. U. um Jahrzehnte hinter dem aktuellen Stand der Forschung sind.

Abb. 10: Rekonstruktionen des Oberkiefers von Ramapithecus (a: menschenartig, b: affenartig) und tatsächliche Form (c: nach weiteren Funden).

Anfang unseres Jahrhunderts fand E. Lewis in Indien relativ menschenähnliche Kieferbruchstücke, die damals von der Fachwelt nicht sonderlich beachtet wurden. (Die Gründe dafür sind unklar; vielleicht lag es daran, daß Lewis ein Unbekannter war.) Erst Anfang der sechziger Jahre wurden diese Funde zusammen mit anderen Fundstücken zur Art *Ramapithecus* und in die direkte Vorfahrenschaft des Menschen gestellt. Backenzähne mit niedrigen Zahnhöckern und dickem Zahnschmelz, kleine Eckzähne und besonders ein parabolischer Zahnbogen (Abb. 10a) schienen "menschliche" Merkmale zu sein. Da *Ramapithecus* aus einer Zeit stammte, aus der Fossilfunde fast Fehlanzeige waren, hatten die Anthropologen für diese scheinbar auf den Menschen zulaufenden Merkmale einen besonderen Blick. So kam es, daß *Ramapithecus* überraschend schnell Einzug in die Schulbücher als erster Menschenartiger (Hominide) hielt.

Doch diese Einschätzung sollte sich als vorschnell entpuppen. Weitere Fossilfunde sowie neuere Erkenntnisse aus der Verwandtschaftsforschung zwischen heutigen Menschenaffen und dem Menschen (Ähnlichkeiten von Proteinen) führten Anfang der achtziger Jahre bei den meisten Forschern zu einem Umdenken über *Ramapithecus*. Der ehemals als parabolisch rekonstruierte Zahnbogen stellte sich aufgrund weiterer Funde eindeutig als nicht-menschlich heraus (Abb. 10). Man entdeckte immer mehr Ähnlichkeiten zwischen *Ramapithecus* und *Sivapithecus*. Letzterer wird als Verwandter des Orang-Utan angesehen. Es wird heute sogar die Möglichkeit erwogen, *Ramapithecus* und den Orang-Utan derselben Art zuzuordnen. Die Meinungen hierüber gehen jedoch auseinander. Nur noch wenige Forscher glauben jedoch, daß *Ramapithecus* in die direkte Vorfahrenlinie des Menschen zu stellen sei.

Aufgrund der gegenwärtigen Fundsituation kann *Ramapithecus* im Schöpfungsmodell plausibel als ausgestorbene, vom Menschen getrennt erschaffene Affenart angesehen werden, die mit dem Orang-Utan verwandt ist.

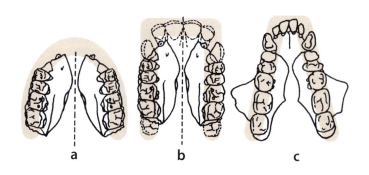

a   b   c

Wenn Interpretationen zu "Fakten" werden

Ramapithecus auf dem Weg zu Homo sapiens

In der Frage nach Herkunft des Menschen werden Meinungen durch die gängigen populärwissenschaftlichen Darstellungen geprägt, wie sie in der Tagespresse oder im Fernsehen präsentiert werden. So erschien beispielsweise 1970 die deutsche Auflage des weltweit verbreiteten "Time-Life"-Buches *Der Mensch in der Vorzeit* in der einflußreichen Serie "Wunder der Natur". Unter dem Bild eines *Ramapithecus* als Glied einer Evolutionsreihe ("Der Weg zu Homo sapiens") steht folgender Text:

"Der früheste menschliche Primat, der bisher gefunden wurde, ist *Ramapithecus*. Einige Experten halten ihn heute für den ältesten der menschlichen Vorfahren in direkter Linie. Dieser Hominidenstatus gründet sich auf wenige Zähne, einige Kieferfragmente und einen Gaumen, welcher menschliche Form hat."

Ob der Leser sich darüber Gedanken machte, wie anhand weniger Fundstücke eine *komplette* Rekonstruktion samt Haut und Haaren so genau darzustellen war?

Auf solche möglichen Zweifel geht das Buch ein, indem es die Frage stellt: "Wie kann ein Wissenschaftler ausschließlich aufgrund einiger Zähne und des Teils eines Gaumens (Abb. 11 oben) behaupten, daß *Ramapithecus* menschenähnlich war?" Als Antwort wird festgestellt: "Alle Affen und Menschenaffen besitzen U-förmige flache Gaumen, deren Zähne in parallelen Reihen stehen. Überzeichnet man die Zähne und den Gaumen von *Ramapithecus* zuerst auf den Gaumen eines Orang-Utan (Abb. 11, Mitte) und dann auf den Gaumen eines Menschen (Abb. 11, unten), wird die Menschenähnlichkeit offenbar."

Wieviele Leser bemerkten wohl, daß hier lediglich eine Deutungs*möglichkeit* zur *Tatsache* erhoben wurde, indem der scheinbar "menschenähnliche" Oberkiefer *aus zwei getrennten Bruchstücken* ohne Knochenverbindung zusammengesetzt wurde, und daß die Biegung konstruiert war? Die Menschenähnlichkeit entsprach also einer (inzwischen widerlegten) theoretischen Vorstellung – einer Theorie, die aber nicht als solche, sondern als *Tatsache* dargestellt wurde. Der Verantwortliche für diese Publikation war nicht etwa ein übereifriger Journalist, sondern ein Professor für Anthropologie in Chicago, der viele wissenschaftliche Beiträge publiziert hat.

Mit diesem Beispiel soll nicht in Abrede gestellt werden, daß mittels detaillierter anatomischer Kenntnisse Schlußfolgerungen auch aus wenigen Knochenbruchstücken gezogen werden können. Doch soll zur Vorsicht gemahnt werden: Daten stehen oft verschiedenen Deutungen offen. Vorschnelle, sensationell aufgemachte Bewertungen ("ältester Menschenartiger" usw.) stoßen zwar auf großes Interesse, wie nahe sie der Wahrheit kommen, muß gewöhnlich aber erst in langwierigen Untersuchungen abgeklärt werden (vgl. *Australopithecus ramidus*, S. 18).

Ramapithecus

Abb. 11: Rekonstruktion eines Oberkiefers aufgrund einiger Zähne und Teil eines Gaumens (Näheres im Text).

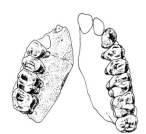

Ramapithecus

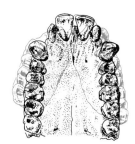

Orang-Utan

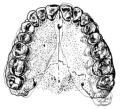

Mensch

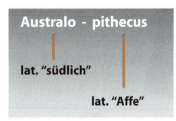

Australo - pithecus

lat. "südlich"

lat. "Affe"

Homo = Mensch
Hominide = Menschenartiger

Die Paläanthropologen stellen auch manche fossile Formen zu den Hominiden, die keine Menschen waren.

5. Australopithecus – Bindeglied zwischen Tier und Mensch?

Im Jahr 1924 fand der Paläanthropologe Raymond DART in Südafrika den Schädel eines bisher unbekannten Hominiden, den er *Australopithecus africanus* ("afrikanischer Südaffe") nannte. Der Schädel stammte von einem jugendlichen Individuum und wurde daher, dem Fundort entsprechend, "Taung-Kind" genannt. Da damals die Meinung vorherrschte, daß sich zuerst das Gehirn des Menschen entwickelt habe und danach der aufrechte Gang, wurde diesem Fund wegen seines deutlich affenartigen Gehirns zunächst keine besondere Bedeutung beigemessen.

Nachdem sich jedoch die umgekehrte Ansicht (erst aufrechter Gang, dann Gehirnvergrößerung) durchgesetzt hatte, wurde diese Art wegen ihres relativ kleinen Schädels und der Hinweise auf einen möglichen bzw. teilweise ausgeübten aufrechten Gang für die Vorfahrenschaft des Menschen hochinteressant.

Inzwischen haben verschiedene Forscher eine ganze Reihe von *Australopithecus*funden gemacht. Vier oder manchmal fünf Arten werden unterschieden, die robusten *Australopithecus robustus* (Abb. 14) und *A. boisei* (und neuerdings *A. aethiopicus*) sowie die grazileren *A. africanus* (Abb. 13) und *A. afarensis* (Abb. 12). Ein relativ voll-

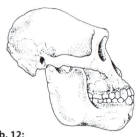

Abb. 12:
Australopithecus afarensis

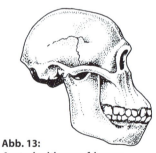

Abb. 13:
Australopithecus africanus

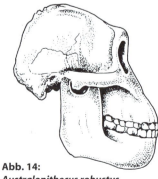

Abb. 14:
Australopithecus robustus

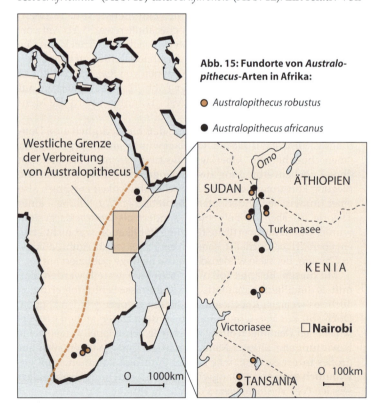

Abb. 15: Fundorte von *Australopithecus*-Arten in Afrika:

○ *Australopithecus robustus*

● *Australopithecus africanus*

ständig erhaltenes von JOHANSON gefundenes Skelett von *A. afarensis* wurde unter dem Namen "Lucy" weltbekannt (Abb. 16).

Weshalb werden die Australopithecinen als mögliche Vorfahren des Menschen angesehen? Um die Stellung der Australopithecinen in einem möglichen Stammbaum zum Menschen beurteilen zu können, stellen wir einige Merkmale zusammen, die den Menschen auszeichnen und die überhaupt an Fossilien feststellbar sind:

1. **Aufrechter Gang.**

2. **Werkzeugherstellung** (das läßt auf entsprechende Intelligenz schließen).

3. **Großes Gehirn und Sprache** (die dafür benötigte Gehirnregion ist in günstigen Fällen an fossilen Abdrücken erkennbar).

Andere typisch menschliche Merkmale wie Sozialverhalten, künstlerische Fähigkeiten, Vorstellungen von Zukunft und Vergangenheit, moralisches Empfinden, Religiosität, Rechtswesen sind kaum oder gar nicht anhand von Fossilfunden nachweisbar. *Kandidaten für die Vorfahrenschaft des Menschen sollten wenigstens Anzeichen für einige dieser Merkmale zeigen.*

Wie steht es damit bei den Australopithecinen?

• **Fortbewegung:** Lange Zeit galt es als relativ sicher, daß sich die Australopithecinen ausschließlich aufrecht fortbewegt haben.

Damit wäre eine der Bedingungen erfüllt gewesen. Im Laufe der Zeit wurden jedoch zahlreiche Hinweise entdeckt, die darauf hindeuten, daß diese Formen ebenso auf Bäumen lebten und nicht ausschließlich Bodenbewohner waren: lange, gekrümmte Finger- und Zehenknochen, lange Arme, die Gelenke der Hinterextremität und relativ kurze Hintergliedmaßen. Diese Beobachtungen sprechen dafür, daß sich die Australopithecinen wie Orangs hangelnd fortbewegen konnten. Heute gilt als sicher, daß sich der zweibeinige Gang von *Australopithecus* vom aufrechten Gang des Menschen unterschied.

• **Werkzeuggebrauch:** Ein Werkzeuggebrauch konnte bisher bei keiner Australopithecinenart eindeutig nachgewiesen werden. Vielleicht hat ähnlich dem heutigen Schimpansen ein einfacher Gebrauch von Stöcken und Steinen zum Verhaltensrepertoire gehört. Dadurch rücken die Australopithecinen aber nicht näher zum Menschen. Einfachen Werkzeuggebrauch gibt es auch bei anderen Tieren, z. B. bei manchen Finken, die mit Hilfe eines Dorns Larven aus schwer zugänglichen Nischen herausstochern.

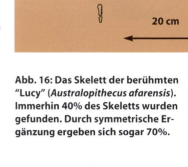

Abb. 16: Das Skelett der berühmten "Lucy" (*Australopithecus afarensis*). Immerhin 40% des Skeletts wurden gefunden. Durch symmetrische Ergänzung ergeben sich sogar 70%.

Links eine Rekonstruktion von "Lucy".

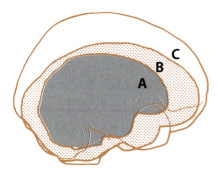

Abb. 17: Absolute Gehirngrößen und -formen von *Australopithecus africanus* (A), *Homo erectus* (B) und *Homo sapiens* (C).

Tab. 1: Verhältnis von Gehirnvolumen und Körpergewicht.
Die Tabelle macht deutlich, daß bei kleineren Organismen das Gehirn relativ zum Körpergewicht immer größer wird, ohne daß ein Zusammenhang mit der geistigen Kapazität besteht. Die relative Größe der Gehirne von *Australopithecus* ist daher nicht notwendig ein Zeichen von Höherentwicklung.

• **Gehirn:** Die Gehirnvolumina lagen je nach Körpergröße etwa zwischen 440 und 530 ccm. Das entspricht etwa der Gehirngröße der Afrikanischen Großaffen (Abb. 24). Die Gehirngröße allein ist jedoch nicht für die Beurteilung der geistigen Fähigkeiten maßgebend; ihr Verhältnis zur Körpergröße muß beachtet werden. Danach liegt die *relative* Gehirngröße von *Australopithecus* zwischen Menschenaffen und Mensch. Doch auch bei bekanntem Gehirn-Körper-Verhältnis ist ein sicherer Rückschluß auf die Intelligenz nicht möglich (Tab. 1).

Art	Gehirnvolumen in cm3	Körpergewicht in g	Relation
Mensch	1400	70000	1:50
Schimpanse	400	45000	1:110
Gorilla	530	175000	1:330
Orang-Utan	430	75000	1:175
Gibbon	100	6000	1:60
Kapuzineraffe	75	2000	1:30

Auch die Gehirn*struktur* liefert wichtige Indizien. An manchen fossilen Schädeln sind Abdrücke von Gehirnwindungen erkennbar (vgl. Abb. 18). Daraus lassen sich Rückschlüsse über die Organisation des Gehirns ziehen. Es zeigt sich, daß hinsichtlich der Gehirnstrukturen *Australopithecus* affenartig und deutlich von *Homo* abgesetzt ist.

Als spezielle Merkmale weisen die Australopithecinen ein Gebiß mit übergroßen Backenzähnen und winzigen Schneidezähnen auf. Das Becken ist überproportional breit (im Vergleich mit Menschen und heutigen Menschenaffen). Der Oberschenkelhals ist sehr lang. Eine Zusammenschau verschiedener Merkmale hat ergeben, daß die Australopithecinen eine einzigartige, hochspezialisierte Gruppe darstellen. D. h.: Unter Berücksichtigung aller Merkmale nimmt *Australopithecus* keine Zwischenposition vom Tier zum Menschen ein. Daher ist die Deutung möglich, daß diese Gruppe einen speziellen, erschaffenen Grundtyp darstellt.

Abb. 18: Muster des Aderverlaufs an der Hirnoberfläche von *Australopithecus robustus* (oben) und *Homo sapiens* (rechts), wie sie sich auf Ausgüssen von Hirnschalen darstellen.

Insgesamt stellt sich demnach *Australopithecus* als sogenannte *Mosaikform* dar. D. h., es handelt sich um eine Gruppe, in der Merkmale aus verschiedenen anderen Gruppen mosaikartig *kombiniert* sind. In diesem Fal-

...le kann man teilweise menschenähnliche, teilweise menschenaffenartige Merkmale feststellen. Andere Merkmale sind in ihrer Ausprägung weder menschen- noch menschenaffenähnlich und liegen nicht auf einer Linie zwischen Mensch und Menschenaffen (vgl. Tab. 2).

menschenähnlich	affenähnlich	weder - noch
Relative Gehirngröße (intermediär)	Gehirnstruktur	Breite des Beckens
Form des Darmbeins	Schnauze	große Backenzähne
Kieferform	Brustkorb	kleine Schneidezähne
aufrechter Gang (aber anders als b. Menschen)	Schulterblatt	kräftige Jochbögen
	gekrümmte Finger- und Zehenknochen	

Tab. 2:
Aufstellung von verschiedenen Merkmalen von *Australopithecus*-Arten.

Bei der Besprechung der Befunde wurde deutlich, daß viele Fragen nicht eindeutig beantwortet werden können (Wie intelligent war *Australopithecus*? Ging *Australopithecus* aufrecht?). Vertreter der Evolutions- und Schöpfungslehre sehen diese Fakten durch ihre "Brillen" (s. u.). Was dabei herauskommt, stellen wir abschließend einander gegenüber:

Evolutionslehre

Bestimmte Merkmale werden als Hinweise für die Menschwerdung gewertet (Gehirngröße, Indizien für aufrechten Gang). Diese Deutung ist unter den Evolutionstheoretikern jedoch umstritten. Es gibt auch verschiedene Auffassungen darüber, welche der Australopithecinenarten zu *Homo* überleiten soll.

Schöpfungslehre

Die Australopithecinen werden als eine spezialisierte Primatengattung angesehen, den heutigen Afrikanischen Großaffen vergleichbar. Sie sind nicht Vorfahren des Menschen.

"Was ist die Natur der Gruppe der Australopithecinen? Sind sie eher untereinander verwandt als mit irgendeinem anderen Hominiden oder repräsentieren sie nur ein Evolutionsstadium, das von mehr als nur einem Hominiden erreicht wurde? Wenn ersteres stimmt, kann kein bekannter Australopithecine Vorfahre von *Homo* sein. Stimmt letzteres, sind die Australopithecinen eine Gruppe mit einem "mixed origin". Die gegenwärtige Datenlage ist mehrdeutig."

Wood, in Jones u. a.
(Hg. 1992), S. 240

Australopithecus ramidus – ein neuer Fund

"One less missing link"
(Time, Oct 3, 1994)

"Der Affenmensch von Äthiopien bleibt ein Rätsel"
(Tages-Anzeiger Zürich, 13.10.94)

"Ältester Urmensch lebte in Äthiopien"
(Weser-Kurier, 23.9.94)

Ende 1994 machte ein Fund von sich reden, der eine beachtliche Lücke im evolutionären Stammbaum um ca. $1/2$ - 1 Million Jahre verkleinern könnte – die Lücke zwischen den Australopithecinen und deren mutmaßlichen Vorläufern. Nachdem *Ramapithecus* als Vorfahre des Menschen ausgeschieden ist, klafft in diesem Bereich eine große Fundlücke. Der neue Fund wurde als neue Art in die Gattung *Austra-lopithecus* gestellt und erhielt den Artnamen *A. ramidus*.

Die Tagespresse feierte ihn schnell als "ältesten Urmenschen" ("ramidus" bedeutet "nahe der Wurzel"). Bislang hatte "Lucy" (*A. afarensis*, Abb. 12), diese Position inne, wobei jedoch, wie gezeigt, die Bezeichnung von "Lucy" als "Affenmensch" oder gar als "Mensch" nicht gerechtfertigt ist und im wissenschaftlichen Jargon nicht verwendet wird.

Was ist am neuen Fund so interessant? Zunächst waren nur Zähne (Abb. 19), einige Schädelteile und Armknochen gefunden worden. Die Zähne zeigten Unterschiede zu *A. afarensis*. In mancher Hinsicht ähneln sie Schimpansen-Zähnen. Damit liegen Indizien vor, daß es sich um ein "missing link" zwischen *Australopithecus* und den Schimpansenvorfahren handeln könnte. Die Funde lassen jedoch keine Aussagen über Gehirn- und Körpergröße zu, ebensowenig kann beurteilt werden, wie sich diese Art fortbewegt hat. Aufgrund von begleitenden Tierfunden vermuten die Wissenschaftler, die neue Art habe in Wäldern gelebt, während viele Anthropologen bislang der Meinung waren, die menschlichen Vorfahren seien in Savannengebieten zu suchen.

Gegenüber den reißerischen Überschriften in der Tagespresse waren die ersten Funde so mager, daß nicht einmal sicher von einer neuen Art gesprochen werden kann. Der Zürcher Paläanthropologe P. SCHMID meinte dazu, die neue Menschenaffenart beruhe "im wesentlichen auf der relativen Länge eines Backenzahns" (Tages-Anzeiger Zürich).

Anfang 1995 wurden zahlreiche weitere Funde bekanntgegeben, die *Australopithecus ramidus* zugeschrieben werden, darunter auch Reste der Wirbelsäule, des Beckens und der Beine, so daß sich immerhin 45% des Skeletts rekonstruieren lassen. Damit besteht Hoffnung, die Fortbewegungsweise rekonstruieren zu können. Doch muß mit einer längeren Auswertungszeit gerechnet werden.

Welchen Stellenwert diesen neuen Funden zugeordnet werden kann, wird die Diskussion in der Fachwelt noch zeigen müssen. Weitgehende Schlußfolgerungen sind also derzeit verfrüht.

Am Beispiel des *Australopithecus ramidus* wird deutlich, daß sensationell aufgemachte Presseberichte über "Affenmenschen" zurückhaltend aufgenommen werden müssen. Normalerweise muß mit mehreren Jahren wissenschaftlicher Auswertungs- und Diskussionszeit gerechnet werden, bevor fundierte Schlußfolgerungen gezogen werden können. Bis jetzt sind die Untersuchungen innerhalb eines Instituts abgelaufen. Eine sensationelle Vermarktung bringt Forschungsgelder. Aber erst wenn die "Konkurrenz" die vorliegenden Daten kritisch prüfen kann, wird sich zeigen, inwieweit die sensationellen Behauptungen zutreffen (vgl. *Ramapithecus*).

Abb.19: Neun Zähne aus dem Unterkiefer eines *Australopithecus ramidus*.
(Quelle: Tages Anzeiger vom 13. Oktober 1994)

6. *Homo habilis* – ein ungelöstes Puzzle

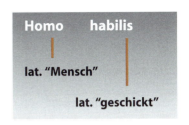

Klettern wir nun eine Stufe weiter im hypothetischen Stammbaum des Menschen. Die den Australopithecinen folgende Art, die in die Vorfahrenschaft des Menschen gestellt wird, ist *Homo habilis* (der "geschickte Mensch"). In den meisten Schulbüchern wird mit großer Selbstverständlichkeit davon gesprochen, daß diese Art eine Zwischenform zwischen *Australopithecus* und *Homo* sei.

Tatsächlich ist die Deutung der zu *Homo habilis* gerechneten Funde sehr umstritten. Das Fundmaterial ist recht mager. Die Fundstücke, aufgrund derer diese Art in den sechziger Jahren von Louis LEAKEY aufgestellt wurde, bestehen hauptsächlich aus Bruchstücken des Schädels und der Extremitäten. Die Kritiker LEAKEYS meinten dagegen, daß Teile verschiedener Arten zu einer Art zusammengefügt wurden. Andere sahen diese Fossilstücke als *Australopithecus africanus* an. Zehn Jahre später schien ein sensationeller Fund (Abb. 20) seines Sohnes Richard Leakey die Meinung Louis LEAKEYS zu bestätigen. Dieser ostafrikanische Schädelfund mit der Bezeichnung KNM-ER 1470 weist ein menschliches Schädeldach mit einer Schädelkapazität von wahrscheinlich fast 800 ccm auf (vgl. Abb. 20; das liegt nahezu im Bereich der Gehirngrößen heutiger Menschen). Die Gesichtsknochen erinnern dagegen eher an *Australopithecus*. Also ein guter Kandidat für eine Zwischenform? Dies ist mindestens deshalb fraglich, weil nicht sicher ist, ob Schädel- und Gesichtsknochen tatsächlich zu ein und demselben Individuum gehören: bei der Rekonstruktion gelang eine Verbindung beider Teile nicht überzeugend. Die Kontroverse um diese Art ist bis heute nicht befriedigend gelöst.

Schauen wir zusammenfassend durch die Brillen von Evolutions- und Schöpfungstheoretikern:

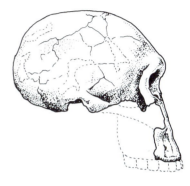
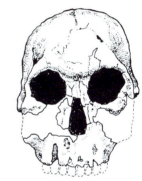

Abb. 20: Rekonstruierter Schädel KNM-ER 1470 von vorne und von der Seite.

Evolutionslehre

Homo habilis ist eine Übergangsform zwischen *Australopithecus* und anderen *Homo*-Formen, wobei einige Unsicherheit bezüglich des Schädels 1470 bleibt. Ein Teil der Funde wird von manchen Wissenschaftlern zu *Homo erectus* oder *Australopithecus* gerechnet.

Schöpfungslehre

Die Deutung dieser Funde ist zu unsicher, um ein Urteil über diese Funde abzugeben. Der Gehirnschädel von KNM-ER 1470 könnte zu *Homo* gezählt werden. Auch andere Funde werden teils zu *Homo erectus* (s.u.), teils zu *Australopithecus* gerechnet.

7. Der Mensch – *Homo erectus*

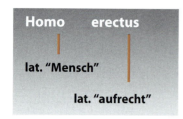

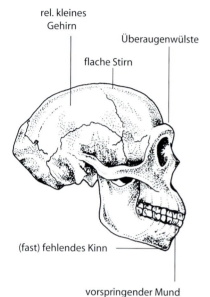

Abb. 21: *Homo erectus*.

Abb. 22. Skelett eines *Homo erectus*. Der kenianische Fossilsucher Kamoya Kimeu fand diese alten Knochen eines ca. 13-jährigen Knaben westlich des Turkanasees.

Ende des vorigen Jahrhunderts machte sich der holländische Arzt Eugene DUBOIS nach Südostasien auf in der Überzeugung, dort das Zwischenglied zwischen Affe und Mensch finden zu können. Er war zur holländischen Armee gegangen und bekam einen Posten in Java, wo er seine Suche begann. Im Jahre 1891 fand er am Ufer des Solo-Flusses unweit dem Dorf Trinil tatsächlich eine Schädeldecke, die seinen Vorstellungen entsprach. Sie war sehr flach mit einer niedrigen, fliehenden Stirn und hatte mächtige Überaugenwülste. Er schätzte das Gehirnvolumen auf 900 ccm. Etwa ein Jahr später fand DUBOIS 16 Meter von der Fundstelle des Schädeldaches entfernt einen menschlichen Oberschenkelknochen. Er nahm an, daß beide Funde zum selben Individuum gehörten und nannte sie "Pithecanthropus erectus" ("aufrechter Affenmensch"). Später fand er noch Backenzähne, die er ebenfalls dieser Art zuordnete, die dann unter dem Namen *Java-Mensch* bekannt wurde. Spätere Untersuchungen englischer Wissenschaftler zeigten jedoch, daß diese Funde wesentlich weniger affenähnlich sind, als vom Finder angenommen worden war. Diese Form war allen Indizien nach aufrecht gegangen und wurde schließlich aufgrund der vorliegenden Merkmale in die Gattung *Homo* eingereiht.

In Ostasien, im Nahen Osten und in Ostafrika ist eine ganze Reihe von Funden gemacht worden, die *Homo erectus* zugeordnet werden. Diese Formen unterscheiden sich in einigen Merkmalen deutlich von den meisten heute lebenden Menschenrassen: sie besitzen ein fliehendes Kinn, eine vorspringende Mundpartie, starke Überaugenwülste und eine relativ flache Stirn und ein robustes Skelett (Abb. 21). Sind das Hinweise für eine Evolution des Menschen? Wir nennen im folgenden Gründe, weshalb *Homo erectus* dagegen auch eine ausgestorbene Rasse "ganz normaler" Menschen sein könnte.

Wir haben oben erwähnt, daß u. a. drei Merkmalsbereiche den Menschen von den höheren Primaten abgrenzen: der aufrechte Gang, die Werkzeugherstellung und die Sprache. Bei *Homo erectus*, dem "aufrechtgehenden Menschen", gibt es allgemein keinen Zweifel bezüglich seiner Zugehörigkeit zur Gattung "Homo".

Homo erectus besaß die ersten beiden Merkmale sicher; die Sprachfähigkeit kann nur indirekt aus Gehirnausgüssen abgeleitet werden.

> Bei Homo erectus, dem "aufrechtgehenden Menschen" gibt es allgemein keinen Zweifel bezüglich seiner Zugehörigkeit zur Gattung "Homo".

Deutung des Gehirnvolumens

Die *erectus*-Formen haben fast durchweg ein deutlich geringeres Gehirnvolumen als die heute lebenden Menschen – gemessen am Durchschnittsvolumen des Jetztmenschen. Das Gehirnvolumen heutiger Menschen variiert sehr stark (zwischen 900 und 2100 ccm), ohne daß ein Einfluß auf die Intelligenz erkennbar wäre. Der Streuungsbereich des Gehirnvolumens von *Homo sapiens* überlappt mit dem von *H. erectus* (Abb. 24) – ein Indiz dafür, daß *H. erectus* zum Grundtyp des Menschen gerechnet werden kann. Das Gehirnvolumen allein kann jedoch nicht als Gradmesser für die geistigen Fähigkeiten verwendet werden. Entscheidend dafür ist vielmehr die Gehirnstruktur. Soweit man dazu etwas von Innenausgüssen fossiler Schädel (sogenannte "Endocasts", Abb. 23) ablesen kann, wird die Vorstellung gestützt, daß *H. erectus* eine recht ähnliche Gehirnstruktur besitzt wie der Jetztmensch *Homo sapiens*.

Ähnlich wie mit der Gehirngröße verhält es sich auch mit den anderen Merkmalen (z. B. Überaugenwülste), in denen die *erectus*-Formen vom heutigen Menschen abweichen. Diese finden sich, wenn auch nicht in so ausgeprägter Form, bei manchen heutigen Rassen (Abb. 25), z. B. bei den australischen Aborigines. (Diese Ureinwohner sind jedoch keineswegs weniger intelligent als andere Menschenrassen.)

Abb. 23: Auf diesem Ausguß von der Hirnschale eines *Homo erectus* sind die Eindrücke der Blutgefäße, aber auch der Gehirnwindungen zu erkennen. Solche Gehirnabdrücke auf dem Knochen erlauben gewisse Rückschlüsse auf den Bau des Gehirns und somit auf bestimmte Fähigkeiten (z.B. Sprache).

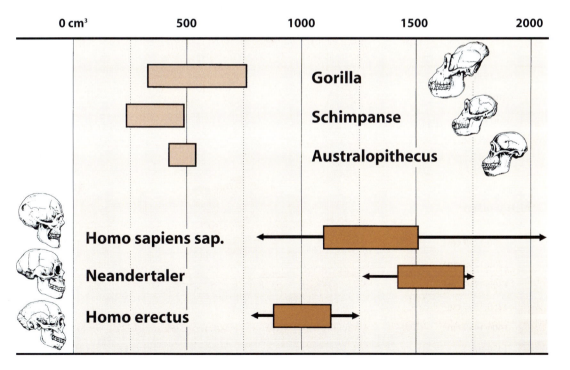

Abb. 24: Gehirnvolumina von Gorilla, Schimpanse, *Australopithecus* und dem Menschen (*Homo*).

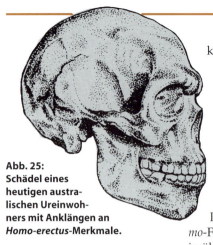

Abb. 25:
Schädel eines heutigen australischen Ureinwohners mit Anklängen an *Homo-erectus*-Merkmale.

Abb. 26: Klimakarte (unten) im Vergleich mit geographischen Regionen mit Menschen unterschiedlicher durchschnittlicher Gehirngrößen. Ob der Zusammenhang zwischen Klimazonen und Gehirngröße ursächlich ist, muß noch untersucht werden, weil die Gehirngröße auch von der Körpergröße abhängt (Näheres im Text).

Neuerdings wird auch eine Abhängigkeit der Gehirngröße von klimatischen Bedingungen diskutiert. Ein Vergleich von Klimakarten (Abb. 26) mit durchschnittlichen Gehirngrößen von Menschen, die in verschiedenen geographischen Regionen beheimatet sind, zeigt einen Zusammenhang: Je heißer das Klima, desto kleiner die Gehirne. In kalten Klimaten sind die Gehirne dagegen relativ groß. Allerdings darf hier nicht vorschnell geurteilt werden, denn die Gehirngröße hängt (nicht-proportional) auch von der Körpergröße ab.

Die unterschiedlichen Gehirngrößen bei menschlichen Rassen stehen daher mit unterschiedlichen Lebensbedingungen in einem möglichen Zusammenhang. Wenn das für heutige Rassen gilt, dürfte auch die Übertragung auf ausgestorbene *Homo*-Formen interessant sein: *Homo erectus* mit kleinem Gehirn lebte in überwiegend heißen Klimaten, während der großhirnige Neandertaler die kühleren Regionen Westeuropas besiedelte. Vielleicht sind die verschiedenen Gehirngrößen der ausgestorbenen Menschenformen kein Zeichen des unterschiedlichen Evolutionsstandes, sondern ein Ergebnis der Klimaanpassung? Diese interessante Hypothese bedarf jedoch noch der kritischen Prüfung durch vergleichende Untersuchungen an heute lebenden und ausgestorbenen Menschenformen.

Besonders bemerkenswert sind Fossilfunde, bei denen sich Merkmale der "modernen" *sapiens*-Formen mit Merkmalen des *H. erec*-

Klimakarte

- trocken, heiß
- naß, heiß
- gemäßigt
- naß, kalt
- trocken, kalt

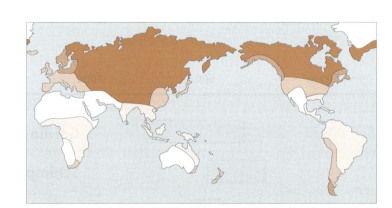

Gehirngrößen

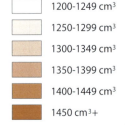

- 1200–1249 cm³
- 1250–1299 cm³
- 1300–1349 cm³
- 1350–1399 cm³
- 1400–1449 cm³
- 1450 cm³+

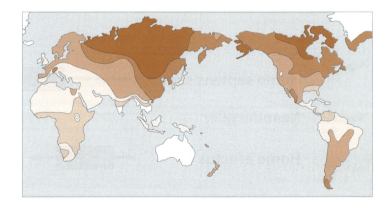

tus bzw. des Neandertalers (s. u.) mischen (Abb. 27). Diese Funde sind schwer in einen Stammbaum einzubauen, man kann sie daher auch als Angehörige einer einzigen Fortpflanzungsgemeinschaft der Gattung "Mensch" *(Homo)* ansehen. Die Schwierigkeiten bei der Deutung der *erectus*- oder Mischformen rühren daher, daß die Variabilität, also die Unterschiede zwischen diesen Formen, verschieden beurteilt werden kann. Auf der einen Seite kann die Variabilität Indiz für das Vorliegen mehrerer Arten sein, die der Evolutionstheoretiker in eine Höherentwicklungsreihe zu stellen versucht. Auf der anderen Seite kann Variabilität auch eine erbliche Vielfalt innerhalb einer einzigen Art anzeigen. Dann hätte sie mit Höherentwicklung gar nichts zu tun. Ob die verschiedenen Formen von *H. erectus*, *H. sapiens*, Neandertaler und die Mischformen tatsächlich miteinander Nachkommen hervorbringen konnten, kann natürlich nicht mehr nachgeprüft werden. So muß diese Frage vom wissenschaftlichen Standpunkt aus unbeantwortet bleiben.

Abb. 27:
Der Steinheimer Mensch, eine "Mischform"

Werkzeuggebrauch als Argument?

Von *Homo erectus* sind viele Steinwerkzeuge überliefert, die durchweg recht einfacher Art sind. Dies ist neben den anatomischen Merkmalen ein weiterer Befund, der den *H. erectus* primitiv erscheinen läßt. Dieser Befund kann aber auch anders gedeutet werden: Möglicherweise handelt es sich bei den *erectus*-Formen um Angehörige isolierter Gruppen, die von ihrer Kultur abgekoppelt wurden, unter erschwerten Bedingungen leben mußten und dadurch in eine "Primitivität" *abgefallen* sind. Das ist zugegebenermaßen spekulativ. Der Vergleich mit heutigen Naturvölkern zeigt aber, daß kulturelle Fähigkeiten nicht mit einem bestimmten "Grad der Menschwerdung" gleichgesetzt werden können. Im übrigen konnten die ersten Menschen, auch wenn sie hochintelligent waren, keine Mondraketen bauen, sondern mußten klein anfangen, bis sich mehr und mehr *Wissen* (nicht Intelligenz) im Laufe der Generationen angesammelt hatte. Kurzum: Eine geistig "tiefere" Stellung der *erectus*-Formen gegenüber dem heutigen Menschen kann nicht nachgewiesen werden.

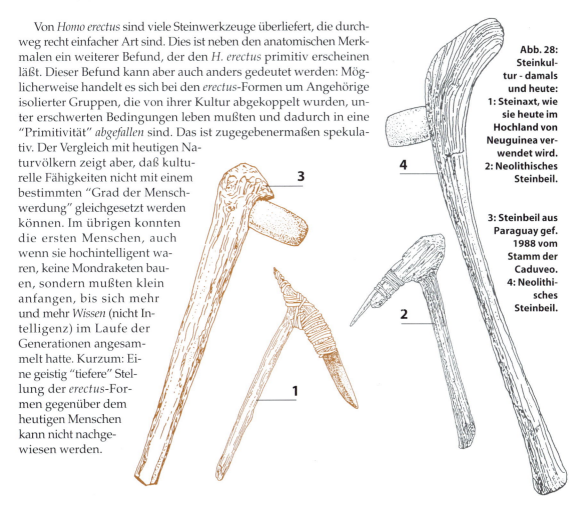

Abb. 28: Steinkultur - damals und heute:
1: Steinaxt, wie sie heute im Hochland von Neuguinea verwendet wird.
2: Neolithisches Steinbeil.

3: Steinbeil aus Paraguay gef. 1988 vom Stamm der Caduveo.
4: Neolithisches Steinbeil.

Zur Zusammenfassung setzen wir wieder bewußt die Evolutions- und Schöpfungs-Brillen auf.

Evolutionslehre

Die Entstehung von *Homo erectus* aus *Australopithecus* liegt im Dunkeln; *Homo erectus* wird als Vorstufe zum heutigen Menschen gedeutet. Dafür sprechen die Unterschiede im Körperbau und in den kulturellen Leistungen.

Schöpfungslehre

Da *Homo erectus* deutlich von *Australopithecus* abgrenzbar ist, wird keine Abstammung von dieser Form angenommen. Die Unterschiede zu *Homo sapiens* sind Ausdruck einer großen Variabilität der einen Gattung "Mensch". *Homo erectus* war ein "vollwertiger" Mensch.

8. Die heutigen Rassen des Menschen

Homo — lat. "Mensch"
sapiens — lat. "weise"

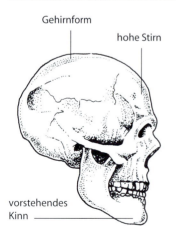

Abb. 29:
Der Cro-Magnon-Mensch

Der heutige Mensch heißt mit wissenschaftlichem Namen *Homo sapiens* (der "vernünftige, weise Mensch") und wird in die Unterart *Homo sapiens sapiens* eingeordnet. Man unterscheidet drei Hauptrassen: Mongoliden, Europiden und Negriden. Wir haben oben schon erwähnt, daß es Mischformen zwischen *sapiens*- und *erectus*-Formen gibt, was evolutionstheoretisch als Indiz für eine Entwicklung von *Homo erectus* zu *H. sapiens* gedeutet werden kann, schöpfungstheoretisch jedoch als Anzeichen dafür gewertet wird, daß alle *Homo*-Formen richtige Menschen waren, die auch miteinander Nachkommen hervorbringen konnten.

Die Wissenschaft hat noch nicht klären können, wo die Wurzeln des heutigen Menschen zu suchen sind. In der Diskussion darüber gehen die Meinungen weit auseinander; wir können sie hier nicht im Einzelnen darlegen. Bemerkenswert ist, daß eine Theorie davon ausgeht, daß der Ursprung der Menschheit im Nahen Osten liegt, was mit dem biblischen Zeugnis harmonieren würde.

Ein neuer Befund aus der Genetik (Vererbungslehre) scheint ebenfalls gut zum biblischen Zeugnis der nachsintflutlichen Verbreitung des Menschen von den Noahsöhnen und deren Frauen ausgehend zu passen. Aus genetischen Daten heutiger Menschenrassen schließen nämlich manche Wissenschaftler, daß während der Bevölkerungsgeschichte des Menschen die ursprüngliche Population stark dezimiert wurde. Eine solche Reduktion nennen die Genetiker "Flaschenhalsereignis" (Abb. 30). Aus der ursprünglichen Bevölkerung überlebten danach nur wenige Menschen, sogenannte Gründerindividuen, die eine neue Population begründeten. Aus biblischer Sicht liegt der Gedanke nahe, daß diese Gründerpopulation die Noahfamilie war. Die heutigen Rassen des Menschen könnten den Nachkommen der Noahsöhne Sem, Ham und Japhet entsprechen. Doch gehen diese Vermutungen über das hinaus, was die *Naturwissenschaft* zu diesen Fragen sagen kann. Sie sind mit den gegenwärtig vorliegenden Ergebnissen der Wissenschaft *verträglich*, aber kein zwingendes Ergebnis der Wissenschaft. Hier kommen vielmehr die geschichtlichen Aussagen der Bibel entscheidend zum Tragen. Die genannten Vermutungen können nur aufgestellt werden, wenn die Daten durch die Brille des Schöpfungstheoretikers (das heißt: unter der Vorgabe der biblischen Offenbarung, vgl. S. 33f.) betrachtet werden.

Nach einer wissenschaftlichen Theorie liegt der Ursprung der Menschheit im Nahen Osten.

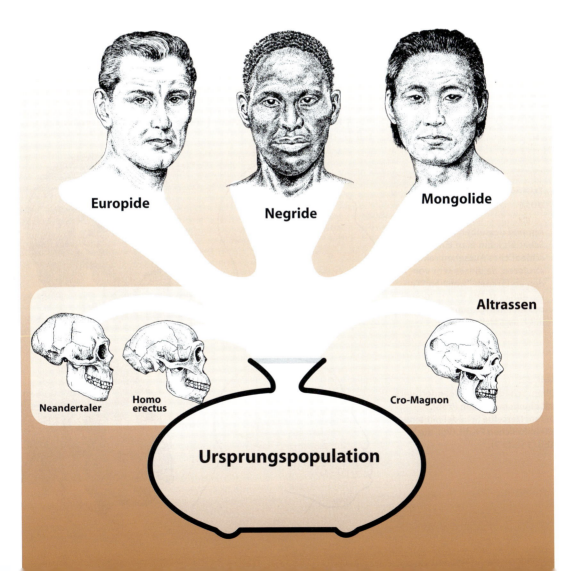

Abb. 30: Flaschenhalsereignis in der Menschheitsgeschichte. Genetische Daten weisen darauf hin, daß die Menschheit in der Vergangenheit stark dezimiert wurde. (Näheres im Text)

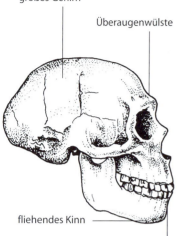

Brotlaibkopfform
großes Gehirn
Überaugenwülste
fliehendes Kinn
Mundpartie

Abb. 31:
Der Neandertaler.

Der Neandertaler – eine besondere Menschenrasse

Die Neandertaler (Abb. 31) sind schon lange eine populäre "Urmenschengruppe". Von der ursprünglichen Deutung ihres Lebensbildes ist man inzwischen deutlich abgerückt (vgl. die Ausführungen auf S. 7). Galt der Neandertaler Anfang unseres Jahrhunderts noch als ein brutal aussehendes Wesen zwischen Affe und Mensch mit nach vorne gebeugter Haltung und "tierischen" Verhaltensweisen, sehen die Experten ihn heute fast ausnahmslos als richtigen Menschen an. Es ist erwiesen, daß Neandertaler Tote bestatteten, über Sozialstrukturen verfügten und sich wie die heutigen Menschen verständigen konnten. Die Knochen des Neandertalers sind zwar deutlich robuster als die des Jetztmenschen, liegen aber noch innerhalb der heutigen Variationsbreite. Sein Gehirn war durchschnittlich sogar größer als das des heutigen Menschen. Möglicherweise stellen seine Merkmale eine Kälteanpassung dar. Einige Forscher vertreten die Auffassung, daß die Neandertaler aufgrund klimatischer Veränderungen (zunehmende Wüstenbildung der südlicheren Gebiete) nach dem nördlichen Europa hineindrängten, wo sie von anderen Menschengruppen isoliert wurden. In der Isolation hätten sie dann ein anderes Merkmalsspektrum ausgebildet. Der Neandertaler wird daher allgemein als eine ausgestorbene Rasse des Menschen angesehen (genauer eigentlich als Unterart; das hat aber nichts mit "Untermensch" zu tun!). Möglicherweise bildete der Neandertaler mit anderen Menschen eine Fortpflanzungsgemeinschaft. Das ist auch bei *Homo erectus* denkbar (s. o.).

Wie sahen Urmenschen aus?

Anhand desselben fossilen Schädels kann man ein unterschiedliches Aussehen rekonstruieren, da dieses sehr von den verlorenen "weichen" Teilen abhängt. Die Vorstellungen des Rekonstrukteurs kommen mit "ins Spiel".

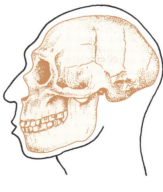

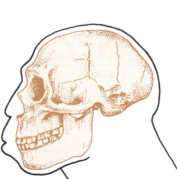

Abb. 32:
Oben: Schädel eines Neandertalers mit einem modernen Profil.
Unten: Derselbe Schädel mit einem affenähnlichen Profil (vgl. auch Abb. 3 Seite 7).

Moderne Jäger und Sammler: Überlebende einer Steinzeit?

Bei der Beurteilung von *Homo erectus* wurde bereits erwähnt, daß einfache Steinkulturen nicht notwendigerweise Ausdruck von "Ursprünglichkeit" und "Unentwickeltsein" sein müssen, sondern auf Verluste früherer Fähigkeiten eines Stammes zurückgehen können. Es gibt eine Reihe von Belegen dafür, daß *heutige* Eingeborenenstämme, die als Jäger und Sammler ein kulturell "einfaches" Leben führen, nicht als Überlebende einer vergangenen "Steinzeit" betrachtet werden können, sondern von einem "hochstehenden" zu einem "primitiveren" Lebensstil übergegangen sind.[1] So gerieten die Indianer Südamerikas nach der Eroberung Südamerikas durch die Spanier in Isolation und verloren dadurch ihre hochentwickelte Kultur. Ein weiteres Beispiel sind die *Guajá* aus Brasilien, einer der letzten Stämme der Ebenengebiete Südamerikas, die aus-schließlich durch Jagd ihr Überleben sichern. Sie stammen von Vorfahren ab, die eine gut ausgebildete Landwirtschaft betrieben. Ein Indiz dafür ist die Verwendung von Wörtern für Kulturpflanzen wie *Mais, Yamswurzel* oder *Süßkartoffeln*. Wahrscheinlich wurden die Guajá durch eine von weißen Siedlern eingeschleppte Krankheit dezimiert. Einige Stämme überlebten diese Epidemie nicht, in anderen ging die Bevölkerungszahl so sehr zurück, daß die Verbliebenen die Landwirtschaft fortan nicht mehr betreiben konnten und schließlich die Nutzpflanzen verloren.[2] Die *Bororo* von *Matto Grosso* ereilte offenbar ein ähnliches Schicksal. Auch diese Jäger und Sammler bauten früher Mais an und stellten Keramikwaren her.

In allen diesen Fällen liegen offenkundig keine evolutionären Hintergründe für die Lebensform bzw. die "Kulturstufe" vor. Einfachere Kulturen können auf Verluste früherer Fähigkeiten zurückzuführen sein, oder es erzwangen neue Umweltbedingungen einen Wechsel der Lebensweise. Beobachtungen dieser Art begründen darüber hinaus Zweifel an der Vorstellung einer Primitivität der vorzeitlichen Menschheit, die an vermeintlich "primitiven" Kulturformen wie der Steinkultur abgelesen wird. Doch Steinkultur ist nicht notwendigerweise Ausdruck einer geistig noch unterentwickelten Menschheit (im Sinne der Abstammungslehre), sondern mag – wie es auch bei heutigen Steinkulturen offenbar der Fall ist – ein Spiegelbild der durch die Umwelt bedingten Lebensverhältnisse sein.

Ein bemerkenswertes Beispiel für diesen Zusammenhang ist die kulturelle Umstellung der

Anmerkungen s. S. 40

Abb. 33: Steinbeil aus Paraguay, gefunden im Jahre 1988, vom Stamm der Caduveo.

Abb. 34: Steinkultur ist nicht notwendigerweise Ausdruck einer geistig unentwickelten Menschheit, sondern mag – wie es auch bei heutigen Steinkulturen (z.B. *Inuit*) offenbar der Fall ist – ein Spiegelbild der durch die Umwelt bedingten Lebensverhältnisse sein.

Abb. 35: Ausbreitung der Maori von Neuguinea über Tahiti nach Neuseeland mit dem Schiff.

Maori nach deren Besiedlung von *Neuseeland* (um 1000 nach Christus). In ihrer früheren Heimat, dem tropischen Inselgebiet um *Tahiti*, waren sie – den klimatischen Bedingungen entsprechend – Pflanzenzüchter gewesen, was nach evolutionistischen Vorstellungen als höhere, weiterentwickelte Kulturstufe gewertet wird im Vergleich zum Wildbeutertum. Auf Neuseeland, weit außerhalb der Tropen gelegen, erlaubten die klimatischen Verhältnisse aber nur im nördlichen Teil der Nordinsel die Fortsetzung des Pflanzertums. In den südlicheren Teilen gingen die Maori dagegen innerhalb *einer* Generation zum Jagen und Sammeln über, also zu einer im evolutionistischen Sinne primitiveren Wirtschaftsform. Unter den dortigen Lebensbedingungen war das einfach effektiver. Dieser ziemlich abrupt erfolgte Übergang ist folglich weder als Degeneration noch als Rückschlag zu werten, sondern als sinnvolle, durchdachte Strategie. Kulturen sind Strategien zur Gestaltung und Bewältigung des Daseins – so der Völkerkundler *L. Käser*. Das evolutionäre Modell habe sich in der Ethnologie nicht durchgesetzt, sondern zu eklatanten Widersprüchen geführt.

Solche Beobachtungen und darauf basierende Überlegungen können auch auf die Kultur und den Werkzeuggebrauch von *Homo erectus* angewendet werden: "Zunehmend wird diskutiert, inwieweit der Typ der jeweiligen Steinwerkzeuge von den äußeren Bedingungen (Ernährungsgewohnheiten, Nahrungsangebot, vorhandenes Rohmaterial, jeweiliger Verwendungszweck, Stabilität der Umwelt, Stammestraditionen) und nicht von einem Evolutionsverlauf bzw. der Intelligenz der Hersteller abhängt. Dem entsprechen auch Studien an rezenten Völkern mit Steinkulturen: Altsteinzeitliche Arbeitsplätze können mit Leichtigkeit mit heutigen Pendants, etwa in Australien, verglichen werden. Aus dem Typ des gefundenen Werkzeugs läßt sich nicht auf die geistigen Kapazitäten des Herstellers schließen."[3]

Abb. 36: Geschoßspitzen heutiger Ureinwohner Australiens, wie sie mit traditioneller Steinbearbeitungstechnik aus gläsernen Isolatoren (von Fernsprechleitungen) und Flaschenscherben hergestellt werden.[4]

9. Die Deutung von Ähnlichkeit

Wie oben bereits erwähnt, ähnelt der Mensch im Körperbau, aber auch in Verhaltensweisen und anderen Merkmalen am meisten den Menschenaffen – die ja daher ihren Namen haben. Jedem sind aus Zoobesuchen oder vom Fernsehen auch die auffälligen Verhaltensähnlichkeiten zwischen Menschenaffen und Mensch geläufig. Wir "verstehen" Gesichtsausdrücke von Affen, mindestens sprechen sie uns irgendwie an, wir empfinden eine gewisse "Verwandtschaft".

Spricht Ähnlichkeit nicht für gemeinsame Abstammung? Ähnlichkeit zwischen Kindern und ihren Eltern deuten wir doch auch als Folge der Abstammung. Die Deutung von Ähnlichkeit im Sinne gemeinsamer Abstammung ist also sicher *möglich*; dies ist aber nicht die einzige Deutungsmöglichkeit. Ähnlichkeit kann ebenso Ergebnis einer Erschaffung durch ein und denselben Schöpfer sein. Man kann sich das leicht anhand von Vergleichen aus der Technik oder aus der Kunst klarmachen. So zeigen etwa Automodelle derselben Firma typische Ähnlichkeiten ("Markenzeichen") z. B. in der Form (Abb. 38). Sie weisen auf denselben Konstrukteur hin. Grundlegende Gemeinsamkeiten beruhen auf bestimmten Konstruktionserfordernissen, an die sich ein Konstrukteur halten muss. – Oder es ähneln sich die Bilder eines Künstlers oder die Musikstücke eines Komponisten in gewissen Stilmerkmalen. In allen diesen Fällen rührt die Ähnlichkeit von einer *gemeinsamen Urheberschaft* oder *gleichen Konstruktionsbedingungen* her. So kann man auch bei den Lebewesen deuten: Sie zeigen Ähnlichkeiten, weil sie vom *selben Schöpfer* geschaffen wurden.

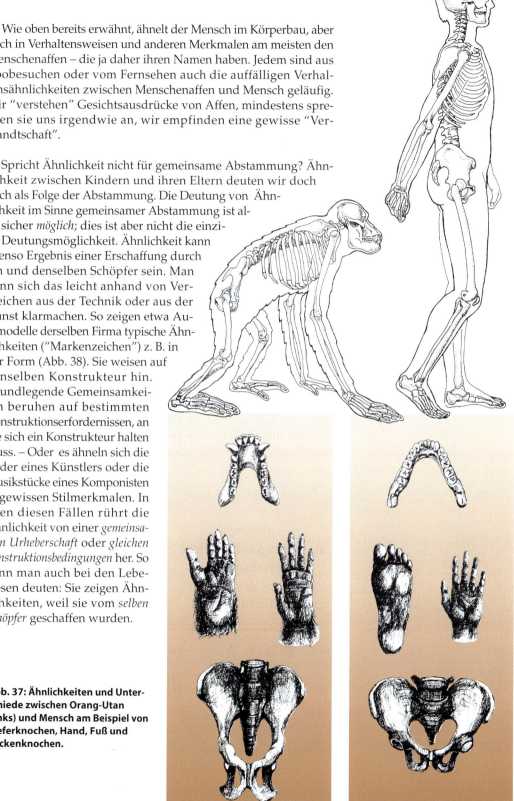

Abb. 37: Ähnlichkeiten und Unterschiede zwischen Orang-Utan (links) und Mensch am Beispiel von Kieferknochen, Hand, Fuß und Beckenknochen.

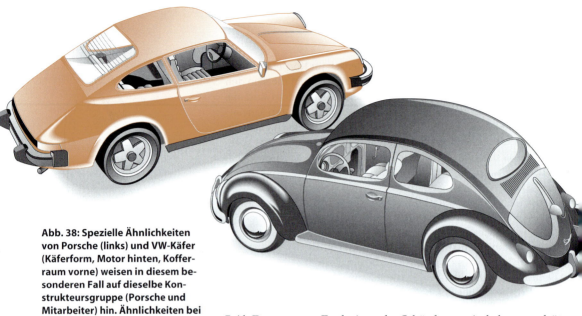

Abb. 38: Spezielle Ähnlichkeiten von Porsche (links) und VW-Käfer (Käferform, Motor hinten, Kofferraum vorne) weisen in diesem besonderen Fall auf dieselbe Konstrukteursgruppe (Porsche und Mitarbeiter) hin. Ähnlichkeiten bei technischen Geräten beruhen sonst gewöhnlich auf Konstruktionserfordernissen, an die sich Konstrukteure halten müssen. Daher kann Ähnlichkeit auch durch Schöpfung (gezielte Konstruktion) gedeutet werden.

Beide Deutungen – Evolution oder Schöpfung – sind also grundsätzlich beim Vorliegen von Ähnlichkeit denkbar. Die Feststellung von Ähnlichkeiten alleine ermöglicht noch keine sichere Entscheidung. Wenn sich Menschen ähneln, müssen sie nicht unbedingt nahe verwandt sein. Eine genaue Klärung bringen Stammbücher, also zusätzliche, andersartige Beweismittel. In der Paläanthropologie sind solche "zusätzlichen Beweismittel" die Fossilien, um die es in diesem Beitrag hauptsächlich ging. Wir sehen aber auch den biblischen Bericht als historisches Zeugnis, als geschichtswissenschaftliches "Beweismittel" an. Vom biblischen Schöpfungszeugnis her wird klar, daß die Ähnlichkeiten zwischen Mensch und Tieren durch *Schöpfungsverwandtschaft* zu deuten sind.

Evolutionslehre	Schöpfungslehre
gleiche stammesgeschichtliche Herkunft	Handschrift des gleichen Schöpfers
↓	↓
Ähnlichkeiten	Ähnlichkeiten

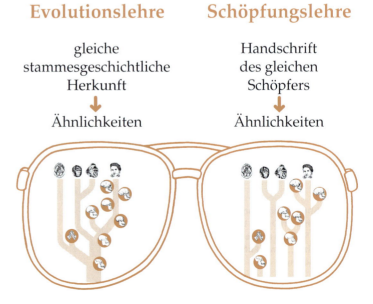

10. Der Mensch – eine Fehlplanung?

Jeder siebte Europäer wird irgendwann in seinem Leben durch eine Entzündung des am Blinddarm anhängenden Wurmfortsatzes (Abb. 39) geplagt und muß dieses Gebilde herausoperieren lassen. Wenn keine Komplikationen durch die Operation auftreten, ist dieser Verlust problemlos verkraftbar. Wozu ist dieses Organ also überhaupt gut? Scheinbar nur dazu, manche Menschen zu quälen. Wenn der Wurmfortsatz infolge einer Entzündung durchbricht, kann das sogar lebensbedrohliche Folgen haben. Hat Gott ein unnützes, ja sogar gefährliches Organ dem Menschen eingepflanzt? Ist der Mensch eine Fehlplanung? Ja, sagen jedenfalls manche Wissenschaftler. Organe wie der Wurmfortsatz werden als *rudimentär* (rückgebildet) bezeichnet und als Hinweise für eine Evolution und gegen Schöpfung gewertet. Als weiteres Beispiel wird z. B. die Nickhaut (sogenannter "Rest" eines dritten Augenlids im Augenwinkel, Abb. 40) gewertet.

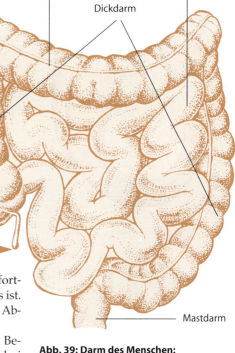

Abb. 39: Darm des Menschen: Den ca. 7,5 cm langen Wurmfortsatz (brauner Pfeil) findet man am Ende des Blinddarms.

Doch so einfach ist der Sachverhalt nicht. Um beim Wurmfortsatz zu beginnen: Es ist lange bekannt, daß er nicht funktionslos ist. Er hat ähnliche Aufgaben wie die Mandeln, d. h. er ist eine Art Abwehrorgan gegen Krankheitserreger.

Daher wurde er auch als "Dickdarmmandel" bezeichnet. Bemerkenswert ist, daß diese Funktion besonders in den ersten drei Lebensjahren wichtig ist, später verliert sie an Bedeutung (der Wurmfortsatz ist ja nicht das einzige Abwehrzentrum gegen Krankheitserreger). Dieses Beispiel ist insofern lehrreich, als es zeigt, daß man die gesamte Lebensentwicklung berücksichtigen muß, um beurteilen zu können, welche Funktionen ein Organ ausübt.

Im übrigen: Wie kann man eigentlich feststellen, ob ein Organ funktionslos ist? Strenggenommen kann man das gar nicht, sondern nur die Feststellung treffen, daß eine Funktion bisher nicht gefunden wurde. Der deutsche Anatom WIEDERSHEIM stellte gegen Ende des vorigen Jahrhunderts eine Liste von über 100 rudimentären Organen beim Menschen zusammen (er meinte allerdings nicht von allen, daß sie funktionslos seien, sondern teilweise nur, sie seien rückgebildet und hätten Restfunktionen). Von dieser Liste ist heute fast nichts mehr übriggeblieben. Auch die oben erwähnte Nickhaut ist längst als dienlich im Unschädlichmachen von ins Auge gelangten kleinen Fremdkörpern erkannt worden. Wenn hier und da Funktionen noch nicht gefunden wurden, so kann man über diese Organe dennoch kein endgültiges Urteil fällen. Die Dezimierung der WIEDERSHEIMschen Liste rudimentärer Organe sollte jedenfalls vor voreiligen Schlüssen warnen.

> *"Wir wären eine katastrophale Planung, hätte uns jemand geplant."*
> (R. Riedl, Zoologe)

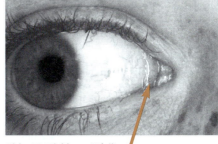

Abb. 40: Nickhaut (Pfeil)

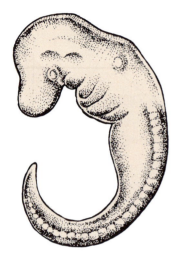

Menschen mit Kiemen?

Als weiteres Forschungsgebiet, aus dem Indizien für eine behauptete Abstammung des Menschen aus dem Tierreich gewonnen werden, wird auch die Embryologie genannt, also der Zweig der Biologie, der sich mit der Entwicklung des individuellen Organismus von der befruchteten Eizelle bis zur Geburt beschäftigt. Trotz einer Überfülle von kritischen Arbeiten wird immer noch die Vorstellung vertreten, der Mensch mache in seiner Embryonalentwicklung im Mutterleib ein Fischstadium und andere stammesgeschichtliche Stationen durch. Als Beweis gelten z.B. Kiemenspalten (s. Abb. 42), die in der frühen Embryogenese ausgebildet werden sollen – wie man in manchen Schulbüchern lesen oder in populären Fernsehsendungen hören kann.

Die Idee, daß die Embryonalentwicklung eine kurze und geraffte Wiederholung der Stammesgeschichte sei, wurde vom deutschen Zoologen Ernst HAECKEL verbreitet (erstmals 1866 veröffentlicht). Diese Idee wurde als "biogenetisches Grundgesetz" bekannt. Heute spricht man meist von "biogenetischer Grund*regel*", wobei an HAECKELs Grundgedanke festgehalten wird, daß sich in der Keimesgeschichte (vom Ei zum ausgewachsenen Organismus) Merkmale der Stammesgeschichte (vom Einzeller bis zum Menschen) wiederfinden ließen. Nicht alles, was in der Stammesgeschichte abgelaufen sei, werde in die Embryonalentwicklung "durchgepaust", aber doch manches (daher spricht man nur von einer "Regel"). Trotz der heute in der Fachwelt weithin kritischen Bewertung von HAECKELs Gesetz ist es tief ins Bewußtsein durchgedrungen. Noch immer ist die Rede von Kiemenbögen beim Menschen, vom Schwanz oder vom Pelzkleid. Exemplarisch soll anhand dieser bekannteren Beispiele gezeigt werden, wie weit das biogenetische Grundgesetz von der Realität entfernt ist:

● **Kiemenbögen**

Weder Mensch noch Säugetiere haben jemals Kiemenbögen. Was sie haben, sind sog. Viszeralbögen als Anlage für Unterkiefer, Unterzungenbein und Kehlkopf (Abb. 42). Da die Lurche, die in der mutmaßlichen Evolutionsreihe vom Fisch zum Menschen den Fischen viel näher stehen, gar keine Kiemen*bögen* besitzen (wohl aber Kiemen), ist selbst im Rahmen der Evolutionstheorie nicht zu verstehen, daß die Säugetiere "wieder" Kiemenbögen haben sollten.

● **Schwanz**

Da Rückenmark und Wirbelsäule besonders früh angelegt werden, ragen sie beim Menschen anfangs etwas über den Rumpf hinaus (s. Abb. 42). Das hat mit einem Schwanz so wenig zu tun wie der wurmförmige Hautzipfel in der Steißgegend, mit dem in sehr seltenen Fällen Kinder geboren werden. Die letzten Wirbel verschmelzen in der weiteren Embryonalentwicklung zum Steißbein. Was die gelegentlich ausgebildeten "Schwänzchen" bei Neugeborenen betrifft, so handelt es sich um eine nicht-erbliche Störung. Sie

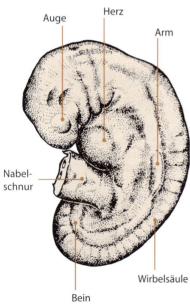

Auge — Herz — Arm — Nabelschnur — Wirbelsäule — Bein

Abb. 41: Aus der oberen Abbildung wird deutlich, daß Haeckel bei seiner Zeichnung zur Dokumentation des "biogenetischen Grundgesetzes" mehr als die Hälfte der lebenswichtigen Organe weggelassen oder verändert hat.
Die untere Abbildung zeigt einen 4 Wochen alten Embryo (4,2 mm groß) mit allen seinen Organen.

enthalten Fett und Bindegewebe, niemals jedoch ein Stück Wirbelsäule wie die Schwänze aller Wirbeltiere. Nur selten befinden sie sich an der "richtigen" Stelle (d. h. an der Stelle der gedachten Fortsetzung der Wirbelsäule). Darüber hinaus sind solche schwanzartigen Bildungen auch an ganz anderen Körperstellen und als *Zusatzbildungen* bei *geschwänzten* Tieren bekannt. Außerdem: Von wem soll der Mensch einen Schwanz haben? Die nach der Evolutionslehre angenommenen unmittelbaren Vorfahren des Menschen hatten selber keinen Schwanz, so wenig wie die noch lebenden Großaffen Orang Utan, Gorilla und Schimpanse.

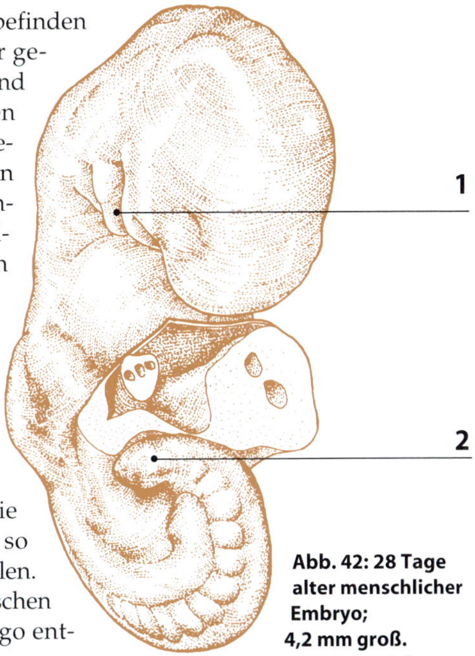

● **Pelzkleid**

Die sogenannte Lanugo, die zeitweise relativ dichte Behaarung während der Embryonalentwicklung, hat wichtige Funktionen. Nach der Abstoßung dieses "Felles" werden die Haare mit dem Fruchtwasser geschluckt; sie regen wahrscheinlich die Darmtätigkeit an. Wäre die menschliche Lanugo das Überbleibsel eines Tierfelles, so müßte dieser Haarflaum bei den behaarten Großaffen fehlen. Diese besitzen aber auch eine Lanugo, die wie beim Menschen vorgeburtlich abgestoßen wird. Die menschliche Lanugo entspricht daher nicht einem tierischen Fell.

Die genannten Bildungen sind also zweckmäßig und im Rahmen der Schöpfungslehre verständlich.

Abb. 42: 28 Tage alter menschlicher Embryo; 4,2 mm groß. Im Halsbereich kann man die als "Kiemenspalten" fehlgedeuteten Beugefalten erkennen (1). Die Wirbelkörper des unteren Rumpfendes (2) verschmelzen in der weiteren Embryonalentwicklung zum Steißbein; es ist kein "Schwänzchen".

11. Die Auskunft der Bibel zur Herkunft des Menschen

Wir sind schon einige Male auf die Bibel als *geschichtliche Informationsquelle* zu sprechen gekommen. Über die Herkunft des Menschen drückt sich die Genesis (1. Buch Mose) klar aus:

1. Mose 1,27: *"Und Gott schuf den Menschen zu seinem Bilde, zum Bilde Gottes schuf er sie, und schuf sie als Mann und Weib."*

Jesus Christus selbst bestätigt, daß der Mensch durch einen göttlichen Akt erschaffen wurde:

"Habt ihr nicht gelesen, daß der im Anfang den Menschen geschaffen hat, schuf sie als Mann und Weib" (Mt. 19,4).

Daß der Mensch geschaffen wurde, ist Zeugnis der ganzen Heiligen Schrift, nicht nur der ersten beiden Kapitel. Auch die Lehre Jesu und der Apostel, wie sie im Neuen Testament überliefert ist, gründet auf den Schöpfungsaussagen der Bibel und verliert ohne sie ihr Fundament oder muß umgedeutet werden - ein Schicksal, das die biblischen Texte oft ereilt hat. Bei Umdeutungen steht jedoch nicht das, was der Text selber sagt, an erster Stelle, sondern

> "Darum, gleichwie durch einen Menschen die Sünde in die Welt hineingekommen ist, und durch die Sünde der Tod, und so der Tod zu allen Menschen hindurchgedrungen ist, weil sie ja alle gesündigt haben. . . . Also wie es durch eine einzige Übertretung für alle Menschen zum Verdammungsurteil gekommen ist, so kommt es auch durch eine einzige Rechttat für alle Menschen zur lebenwirkenden Rechtfertigung (= Freispruch)."
>
> Röm. 5,12+18

> "Denn der Nichtigkeit ist die ganze Schöpfung unterworfen worden – allerdings nicht freiwillig [oder: durch eigene Schuld], sondern um deswillen, der ihre Unterwerfung bewirkt hat -, jedoch auf die Hoffnung hin, daß auch sie selbst, die Schöpfung, von der Knechtschaft der Vergänglichkeit befreit werden wird..."
>
> Röm. 8,20+21

vorläufige wissenschaftliche Hypothesen oder Theorien, die jedoch immer unsicher bleiben müssen. Vorläufiges, relatives Wissen ist als Lebensfundament ungeeignet.

Die biblische Überlieferung berichtet aber nicht nur von einer ursprünglichen Schöpfung, sondern auch von der weiteren Geschichte Gottes mit dem Menschen bis zum Kommen Jesu Christi und in die Zukunft hinein. Zum Verständnis der Naturgeschichte sind hier besonders der Einschnitt des Sündenfalls und die Sintflut wichtig.

Infolge des Sündenfalls befindet sich die Menschheit und mit ihr die ganze Schöpfung in einem "verdorbenen" Zustand; der Tod mit allen seinen Begleiterscheinungen wie Krankheit und Leid ist eingedrungen (s. Texte links).

Durch die Tat Jesu Christi ist jedoch eine Befreiung aus dieser verhängnisvollen Situation möglich. Das Leiden, Sterben und die Auferstehung Jesu Christi sind auch nur vor dem Hintergrund dieses Unheilsgeschehens in der Frühgeschichte der Menschheit verständlich. Die Rettungstat Jesu wird der Unheilstat Adams gegenübergestellt.

Würde der Mensch dagegen von affenartigen Vorfahren abstammen, gäbe es weder ein erstes Menschenpaar, noch wären die Sünde und der Tod durch den Menschen in die Welt eingedrungen. Sünde und Tod wären vielmehr Kennzeichen und Folgen der Evolution. Denn (Makro-)Evolution ist nur möglich, wo der Tod mit allen seinen Begleiterscheinungen wie Krankheit, Mißbildung und Unglück regiert.

Eine zweite globale Folge der Sünde des Menschen ist das Sintflutgericht, das Gott über die Erde verhängt hat. Von den landlebenden lungenatmenden Tieren und den Menschen konnten nur die Insassen der Arche überleben. Sie bevölkerten nach der Flut die Erde neu.

Für den Naturforscher bedeutet dies: er kann nur die durch Sünde und Tod gezeichnete Welt erforschen; er erforscht eine Welt, in der auch Katastrophen wie die Verschüttung von Organismen geschehen, von denen Schichtgesteine und Versteinerungen von Lebewesen Zeugnis abgeben.

Die Geschichte der Welt ist demnach durch Katastrophen gekennzeichnet; die frühe Geschichte nach der Flut ist eine Phase der Wiederbesiedlung. Vor diesem Hintergrund müssen die Fossilfunde auch des Menschen gedeutet werden (Kap. 13).

12. Zum Alter der Fossilfunde

Gewöhnlich werden die menschlichen oder "menschenartigen" Fossilien auf Hunderttausende oder einige Millionen Jahre datiert. Damit scheint die hier vorgenommene Deutung vor dem biblischen Geschichtshintergrund unmöglich zu sein.

In der Tat wirft die Frage der Datierung im Rahmen des Schöpfungsmodells ein ernstes Problem auf, zumal die bestimmten hohen Alter als "absolut" bezeichnet werden. Diese Bezeichnung wird jedoch nicht im Sinne von "absolut richtig", sondern als Abgrenzung gegenüber "relativen Altern" gebraucht. Letztere beschreiben die relative Abfolge von Ereignissen ohne Altersangaben. Die durch radiometrische Methoden bestimmten Altersangaben werden häufig als "Modellalter" (z.B. "Kalium-Argon-Alter") bezeichnet.

In den meisten Fällen können Fossilien nicht direkt datiert werden. Zunächst ist es jedoch möglich, die relative Position eines Fossils in der Schichtenfolge zu bestimmen.

Das Alter des Fossils kann dann grob abgeschätzt werden, wenn unterhalb und oberhalb des Fossils Schichten vorkommen, die eine Datierung erlauben.

Bei den menschlichen Fossilien kommen Basalt- und Tuffablagerungen, die durch Vulkanausbrüche entstanden sind, als Anhaltspunkte für die Datierung in Frage. Sie können mit der Kalium-Argon-Methode datiert werden ("Kalium-Argon-Alter"; Abb. 43). Andere Schichten, die zwischen solchen Lavaschichten vorkommen, können dadurch ungefähr eingeordnet werden.

In alle Datierungsmethoden gehen jedoch eine Reihe von Annahmen ein, die die Datierungsergebnisse beeinflussen können. Die angesprochene Kalium-Argon-Methode wird bevorzugt bei der Datierung vulkanischen Gesteins herangezogen. Ein zentrales Problem dieser Datierungsmethode bildet die Anwesenheit von "überschüssigem" Argon, das beim Abkühlen des Gesteins schon in den Mineralen enthalten war bzw. aus der Atmosphäre stammt. Dieses Argon kann von dem, welches nach der Abkühlung durch den radioaktiven Zerfall von Kalium-40 entstand (s. Kasten "Radiometrische Datierung"), nicht unterschieden werden. Unter Umständen erlauben bestimmte Argon-Isotopenverhältnisse das Erkennen überschüssigen Argons. Im Idealfall müßte alles anfangs vorhandene Argon aus den Mineralen herausdiffundiert sein; dann würde man – vorausgesetzt es treten keine weiteren Störungen auf – nur noch das Argon messen, das aus dem radioaktiven Zerfall stammt.

Die Anwesenheit von überschüssigem Argon, die Wegführung

> **RADIOMETRISCHE DATIERUNG**
> *am Beispiel der Kalium-Argon-Methode*
>
> Instabile (radioaktive) Isotope zerfallen mit konstanter Rate. Kalium-40 zerfällt zu Kalzium-40 und zu Argon-40
>
>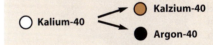
>
> In Ostafrika z. B. sind fossilführende Schichten von Vulkanablagerungen (Basalte und Tuffe) überdeckt, aus welchen Argon-40 isoliert wird. Anhand der Menge des durch Zerfall entstandenen Argons kann man Modellalter (s. Text) bestimmen. (Kalzium wird nicht berücksichtigt, da es vom gewöhnlichen Kalzium, das häufig vorkommt, nicht zu unterscheiden ist.)

Quelle: Anthropolog. Institut Zürich

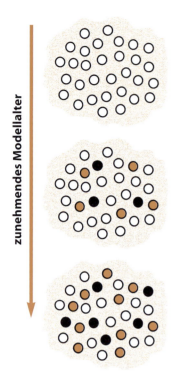

zunehmendes Modellalter

von Kalium oder von durch radioaktiven Zerfall erzeugtem Argon wirken sich bei niedrigen Altern (Hunderttausende von Jahren oder wenige Millionen Jahre) viel gravierender aus als bei höheren Altern. Nichterkannte Störungen können die Datierungsergebnisse – gerade an Gesteinen, die im Zusammenhang mit den Hominidenfossilien stehen – erheblich beeinflussen.

Ungeachtet solcher Unsicherheiten muß aber zugestanden werden, daß ein Großteil der bekannten Messungen in die Größenordnung von Millionen Jahren weist, was gewöhnlich als Hinweis auf die Richtigkeit dieser Altersbestimmungen gedeutet wird.

Auch wenn diese Interpretation nach dem gegenwärtigen Kenntnisstand sinnvoll ist, sollte dennoch die Möglichkeit einer Deutung der Meßdaten im Rahmen sehr viel kürzerer Zeiträume offen gehalten werden. Für die Schöpfungsforschung besteht hier die Aufgabe, andere systematische Ursachen als das Alter für die Meßdaten ausfindig zu machen. Daß es solche bislang unerkannten Ursachen geben könnte, zeigen Datierungen durch Isochronen aus dem Grand Canyon.[5] Die Isochronenmethode der Altersbestimmung gilt als sehr zuverlässig. Anhand von über 300 Datierungen konnte gezeigt werden, daß *systematisch*, also reproduzierbar, Isochronen auftreten, die um Größenordnungen von der stratigraphischen Position (Schichtenfolge) abweichen. Daher muß es in diesen Fällen andere Ursachen für das Auftreten von Isochronen geben als das Alter. Solche Anomalien können Anstöße dafür sein, nach alternativen Deutungen der Isotopenverteilungen datierbarer Gesteine zu suchen.

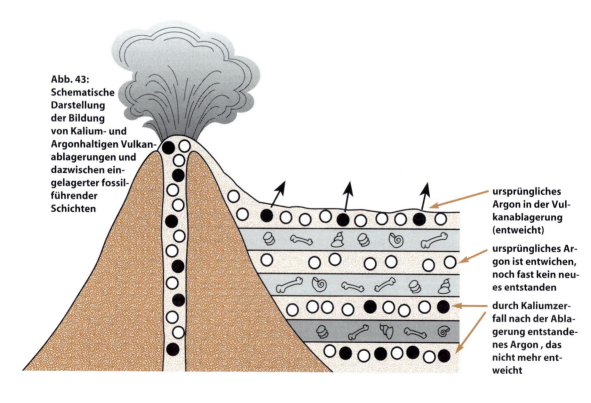

Abb. 43: Schematische Darstellung der Bildung von Kalium- und Argonhaltigen Vulkanablagerungen und dazwischen eingelagerter fossilführender Schichten

ursprüngliches Argon in der Vulkanablagerung (entweicht)

ursprüngliches Argon ist entwichen, noch fast kein neues entstanden

durch Kaliumzerfall nach der Ablagerung entstandenes Argon, das nicht mehr entweicht

13. Zusammenfassende Deutung aus biblischer Sicht

Wir können abschließend auf die anfangs (S. 4) gestellten Fragen zusammenfassend eingehen:

Wie gut ist eine evolutionäre Abstammung des Menschen belegt?

Wie wird eine schöpfungstheoretische Alternative begründet?

Zur Evolutionslehre

Die Fossilfunde können zwar *unter der Voraussetzung von Evolution* in ein Stammbaumschema eingeordnet werden; dies bereitet jedoch einige Schwierigkeiten, und die Funde können auch in getrennten Linien – Mensch, *Australopithecus, Ramapithecus* u.a. – angeordnet werden – unter der Voraussetzung des Schöpfungsmodells. Eine Abstammung des Menschen aus dem Tierreich kann durch die vorliegenden Fossilfunde nicht bewiesen werden.

Durch Abstammung deutbar (aber nicht bewiesen) ist die relative *Reihenfolge* der Fossilablagerungen: *Homo erectus* wird in tieferen Schichten gefunden als der Neandertaler und *Homo sapiens*. Gemäß der Evolutionslehre wird dies durch Abstammung des *Homo sapiens* von *Homo erectus* gedeutet.

Ähnlichkeiten zwischen Menschenaffen und Mensch können durch Abstammung, aber auch durch Schöpfung gedeutet werden. *Nutzlose Organe* konnten beim Menschen nicht nachgewiesen werden, im Gegenteil, die Zweckmäßigkeit aller Organe wird immer deutlicher. Die Embryonalentwicklung zeigt keine zweifelsfreien Anklänge an eine Stammesgeschichte.

Zur Schöpfungslehre

Wie sind nun die Fossilfunde im biblisch-heilsgeschichtlichen Rahmen zu verstehen? Wie kann ein Zusammenhang mit dem Sündenfall und der Sintflut hergestellt werden?

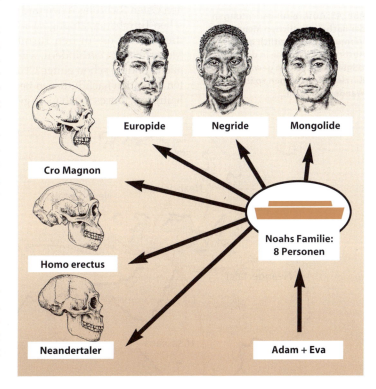

Abb. 44: *Homo erectus*, Neandertaler und alle anderen fossil bekannten Formen des Menschen werden als Nachkommen der Noahfamilie betrachtet.

Zunächst: Weder vom Paradies, noch von der Welt vor der Flut sind Überreste vorhanden; durch die Flut wurde das Land und seine Bewohner offenbar so sehr zerstört, daß davon keine Hinterlassenschaften mehr vorhanden sind.

Homo erectus, Neandertaler und alle anderen fossil bekannten Formen des Menschen sind als Nachkommen der Noahfamilie zu betrachten. Dagegen gehören die *Australopithecus*-Arten einem anderen geschaffenen Grundtyp an. Auch *Ramapithecus* gehört nicht in eine Abstammungslinie zum Menschen, sondern ist eine weitere geschaffene Form (vielleicht zusammen mit dem Orang Utan zum selben Grundtyp gehörend).

Menschenfossilien werden in Gesteinsschichten gefunden, die erst einige Jahre nach der Sintflut bei lokalen oder regionalen Katastrophen gebildet wurden. Möglicherweise handelt es sich bei den besonderen *erectus*- und Neandertaler-Merkmalen um Sonderanpassungen an bestimmte klimatische Verhältnisse (s. o.). Der niedrige Kulturstand bei diesen Formen wäre dann auf Verlust eines ehemals höheren kulturellen Standes zurückzuführen.

Die *Reihenfolge* der Fossilablagerungen (unten *Homo erectus*, weiter oben *Homo sapiens* und Neandertaler) kann im Rahmen der biblischen Urgeschichte als Folge verschiedener Ausbreitungswellen vom Nahen Osten aus (nach der Sintflut) gedeutet werden (vgl. Abb. 45). Die verschiedenen Formen kann man wie folgt einordnen: In einer frühen Phase, vielleicht einige hundert Jahre nach der Sintflut, möglicherweise noch vor dem Versuch des Turmbaues zu Babel, wanderten erste kleinere Menschengruppen aus dem Nahen Osten Richtung Asien und Afrika aus. (Dies wird in der biblischen Turmbauerzählung zwar nicht ausdrücklich gesagt, doch ist die Motivation für den Turmbau gewesen, ein Zerstreuen der Menschheit zu verhindern, wie aus 1 Mose 11,4 hervorgeht. Demnach könnten schon einige Gruppen ausgewandert sein.) Sie lebten unter den nachflutlichen Bedingungen unter unwirtlichen Verhältnissen, die es ihnen nicht gestatteten, Hochkulturen aufzubau-

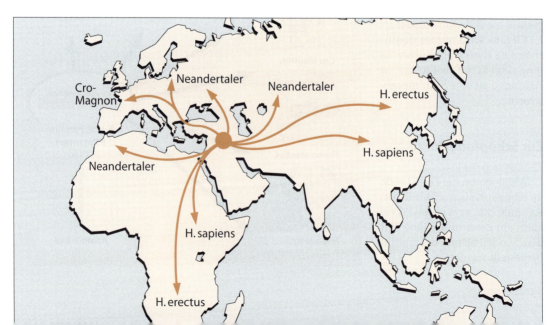

Abb. 45: Ausbreitungsrichtungen der nachsintflutlichen Menschheit. Vermutlich sind zeitlich gestaffelt Ausbreitungsströme in die angezeigten Richtungen gewandert. Kürzere Pfeile zeigen spätere Wanderungen an.

en. Es war ihnen nur möglich, Steinkulturen zu pflegen. Mehr und mehr wird deutlich, daß die kulturellen Leistungen des Menschen nicht von seinen geistigen Fähigkeiten abhängen, sondern von den Umweltbedingungen. Daher sollte man nicht von "Steinzeit" und "Steinzeitmenschen", sondern eben von "Steinkultur" sprechen. Steinkulturen gibt es bis heute, insofern gilt: "Steinzeit ist jederzeit."

Anatomisch (vom Körperbau her) wurden die nach Asien und Afrika zuerst abgesprengten Gruppen zu den *erectus*-Menschen, die uns aufgrund lokaler Katastrophen als Fossilien überliefert wurden. (Die Anatomie hat hier nichts mit geistiger Leistungsfähigkeit oder verschiedenen "Stufen" des Menschseins zu tun!)

Später (wohl *nach* dem gescheiterten Turmbau zu Babel) wanderten größere Gruppen wiederum nach Afrika und Asien, wo sie auf dort ansässige *erectus*-Menschen trafen und sich mit ihnen vermischten; dadurch kam es zu den "Mischformen" (vgl. S. 23). Auch diese späteren Auswanderer wurden gelegentlich katastrophisch verschüttet, sodaß auch von ihnen Überreste gefunden werden.

Das Nacheinander der Schichtenabfolge ergibt sich also durch ein Nacheinander von Auswanderungswellen, nicht durch Auseinanderentwicklung im Sinne der Evolutionslehre.

Dem Nacheinander der anatomisch verschiedenen Menschentypen (*erectus / sapiens*) entspricht auch eine Abfolge von Werkzeugen. Auch dieses Nacheinander hat nach dieser Deutung nichts mit Höherentwicklung zu tun, sondern rührt daher, daß die *erectus*-Menschen – wie bereits erwähnt – aufgrund schwieriger Lebensbedingungen keine höherstehende Kultur verwirklichen konnten, während die späteren Einwanderer bessere Bedingungen vorfanden und daher technisch und kulturell mehr leisten konnten und auch Muße hatten, sich künstlerisch zu betätigen.

In diesem biblisch orientierten Deutungsrahmen kann auch der Neandertaler als vermutlich kälteangepaßte Menschenrasse verstanden werden, die in nördliche Gebiete ausgewandert ist (man kennt Neandertaler aus Europa, Westasien, dem Nahen Osten und Nordafrika). Später ist er aus unbekannten Gründen ausgestorben.

Insgesamt kann festgehalten werden, daß die Daten der Wissenschaft im biblischen Geschichtsrahmen sinnvoll gedeutet werden können, wenn auch zahlreiche Fragen offen bleiben.

> *Steinkulturen gibt es bis heute. Insofern gilt: "Steinzeit ist jederzeit".*

> *Das Nacheinander der Schichtenfolge ergibt sich also durch ein Nacheinander von Auswanderungswellen, nicht durch Auseinanderentwicklung im Sinne der Evolutionslehre.*

Dank

Mein besonderer Dank gilt Dipl.-Biol. Dr. Sigrid Hartwig-Scherer. Ohne ihre Forschungsarbeit wäre die vorliegende Broschüre nicht entstanden (vgl. ihre unten genannten Publikationen). Wichtige Hinweise erhielt ich auch von Richard Wiskin und Michael Brandt.
Richard Wiskin und Johannes Weiss verdanke ich zahlreiche Ideen zur graphischen Gestaltung.

Quellenhinweise:

- Adam, K.D. *Der Mensch der Vorzeit*, 1984 (Abb. 1)
- Angst, R. *Ursprung des Menschen*, 1988 (Abb. 12,18)
- Blechschmidt, E. *Wie beginnt das menschliche Leben?* Stein am Rhein, 1976 (Abb. 41,42)
- Day, M.H. *The fossil history of man,* Carolina Biology Readers Nr. 32 1984 (Abb. 9,16,37)
- Hartwig-Scherer, S., *Paläanthropologie und Archäologie des Paläolithikums*. In: Scherer, S. (Hg.) Die Suche nach Eden. Neuhausen 1991, S.55-110.
- Hartwig-Scherer S., *Ramapithecus – Vorfahr des Menschen?* Berlin, 1989.
- Hitching, F. *The neck of the giraffe*, 1982 (Abb. 7,41)
- Jones, Stevens; Martin, Robert & Pilbeam, David *The Cambridge Encyclopedia of Human Evolution*, Cambridge 1992 (Abb. 16)
- Lambert, D. *Alles über die Frühmenschen*, 1988 (Abb. 32,37)
- Schmid, P. u. Rottländer, E. *Evolution des Menschen – die phylogenetische Entwicklung der Hominiden*. DIFF, Tübingen, 1989 (Abb.15,17,18,23)
- Weaver, K.F. *The search for our ancestors*, National Geographic November 1985 (Abb. 22)
- Wolf, J. *Menschen der Urzeit*, 1989 (Abb. 3,30,44)

Anmerkungen:

[1] S. Pain (1993): Modern hunter-gatherers no guide to Stone Age past. *New Scientist 137*, No. 1861, S. 8.
[2] W. Jesco von Puttkamer (1979): Stone Age Present meets Stone age Past. *National Geographic Magazine*, Jan. 1979.
[3] S. Hartwig-Scherer (1991): Paläanthropologie und Archäologie des Paläolithikums. In: Scherer, S. (Hg.) Die Suche nach Eden. Neuhausen, S. 82. Weitere Informationen dazu finden sich bei M. Brandt: Gehirn und Sprache. Fossile Zeugnisse zum Ursprung des Menschen. Studium Integrale, Berlin, 1992, besonders S. 72-80.
[4] M. Obenland (1991): Archäologie und Urgeschichte der Genesis. In: Scherer, S. (Hg.): Die Suche nach Eden. Neuhausen-Stuttgart, S. 136-167.
[5] vorgestellt auf dem Third International Congress on Creationism in Pittsburgh, Pennsylvania; eine Publikation darüber ist in Vorbereitung